四川非物质文化遗产的传承及外译策略研究

胡 璐◎著

中国原子能出版社
China Atomic Energy Press

图书在版编目（CIP）数据

四川非物质文化遗产的传承及外译策略研究 / 胡璐
著 . –– 北京 : 中国原子能出版社, 2019.12（2021.9重印）
ISBN 978-7-5221-0286-3

Ⅰ. ①四… Ⅱ. ①胡… Ⅲ. ①非物质文化遗产 – 保护
– 研究 – 四川 Ⅳ. ①G127.71

中国版本图书馆 CIP 数据核字(2019)第 278743 号

- -

四川非物质文化遗产的传承及外译策略研究

出　　版　中国原子能出版社（北京市海淀区阜成路43号 100048）
责任编辑　蒋焱兰（邮箱：ylj44@126.com QQ：419148731）
特约编辑　蒋　睿　李　洁
印　　刷　三河市南阳印刷有限公司
经　　销　全国新华书店
开　　本　787mm × 1092mm　1/16
印　　张　8.5
字　　数　150千字
版　　次　2019年12月第1版　　　2021年9月第2次印刷
书　　号　ISBN 978-7-5221-0286-3
定　　价　40.00元

出版社网址：http://www.aep.com.cn　E-mail：atomep123@126.com
发行电话：010-68452845

前　言

　　本书对四川非物质文化遗产的传承进行了系统梳理,并结合外宣中的翻译失误实例进行分析,提出翻译策略。首先第一章综合介绍了四川非物质文化遗产,包括四川省省级非物质文化遗产名录以及四川非物质文化遗产保护策略。第二章重点介绍了近年来的四川非物质文化遗产外宣活动,分为四个板块:非遗旅游项目和旅游产品——"非遗之旅",四川省非物质文化遗产项目体验基地,文化和自然遗产日,以及中国成都国际非物质文化遗产节。第三章研究和评述了四川经典非物质文化遗产的传承,分为五大领域进行研究:少数民族非遗、多彩戏剧、传统技艺、传统曲艺、特色舞蹈。第四章从外语经济学视角研究四川非遗文化外译策略。首先对非遗文化翻译进行了外语经济学分析,研究了实际案例中的误译和错译现象,然后根据经济学原理提出解决问题的综合策略。

　　本专著由成都信息工程大学胡璐副教授四川省教育厅人文社科重点研究基地四川外国语言文学研究中心项目"外语经济学视角下的四川非遗文化外译研究"(SCWY19-26)资助,是该项目的阶段性成果。

作者

2019 年 10 月

▌ 目 录 ▌

第一章 四川非物质文化遗产

《中华人民共和国非物质文化遗产法》所称非物质文化遗产,是指各族人民世代相传并视为其文化遗产组成部分的各种传统文化表现形式,以及与传统文化表现形式相关的实物和场所。包括:①传统口头文学以及作为其载体的语言;②传统美术、书法、音乐、舞蹈、戏剧、曲艺和杂技;③传统技艺、医药和历法;④传统礼仪、节庆等民俗;⑤传统体育和游艺;⑥其他非物质文化遗产。

联合国教科文组织《保护非物质文化遗产公约》中所称非物质文化遗产,指被各社区、群体,有时是个人,视为其文化遗产组成部分的各种社会实践、观念表述、表现形式、知识、技能以及相关的工具、实物、手工艺品和文化场所。这种非物质文化遗产世代相传,在各社区和群体适应周围环境以及与自然和历史的互动中,被不断地再创造,为这些社区和群体提供认同感和持续感,从而增强对文化多样性和人类创造力的尊重。在《保护非物质文化遗产公约》中,只考虑符合现有的国际人权文件,各社区、群体和个人之间相互尊重的需要和顺应可持续发展的非物质文化遗产,包括以下方面:①口头传统和表现形式,包括作为非物质文化遗产媒介的语言;②表演艺术;③社会实践、仪式、节庆活动;④有关自然界和宇宙的知识和实践;⑤传统手工艺。

中国是一个历史悠久的文明古国。在漫长的岁月中,中国各族人民共同创造了宝贵的文化财富,包括以物质形态存在的具有历史、艺术、科学价值的不可移动文物和可移动文物,以及历史文化名城(街区、村镇)等;也包括以非物质形态存在的世代口头传说、传统表演艺术、民俗活动、礼仪节庆和手工技艺等,其种类之繁多、形式之多样、内容之丰富,为世界少有。中华民族的这些文化遗产以独特的方式潜移默化地影响着各族人民的思想观念,以强大的民族凝聚力和激扬向上的活力维系着中华民族五千年文明历史绵延不断,这是中国文化之魂，是民族精神之根，是中国在世界上引以为荣的宝贵财富，所以应当视其为传家宝，世世代代传承并发扬光大。文化遗产包括物质文化遗产和非物质文化遗产。物质文化遗产是具有历史、艺术和科学价值的文物，包括古遗址、古墓葬、古建筑、石窟寺、石刻、壁画、近代现代重要史迹及代表性建筑等不可移动的文物；历史上各时代的重要实物、艺术品、文献、手稿、图书资料等可移动文物；以及在建筑式样、分布均匀或与环境景色结合方面具有突出普遍价值的历史文化名城（街区、村镇）。非物质文化遗产是指各种以非物质形态存在的与群众生活密切相关、世代相承的传统文化表现形式，包括口头传统、传统表演艺术、民俗活动和礼仪与节庆、有关自然界和宇宙的民间传统知识和实践、传统手工艺技能等以及与上述传统文化表现形式相关的文化空间。

　　四川，简称"川"或"蜀"，省会成都，位于中国大陆西南腹地，自古就有"天府之国"之美誉，是中国西部门户，大熊猫故乡。四川今与重庆、贵州、云南、西藏、青海、甘肃、陕西诸省市交界。四川东部为川东平行岭谷和川中丘陵，中部为成都平原，西部为川西高原。四川是中国重要的经济、工业、农业、军事、旅游、文化大省。省会成都在1993年被国务院确定为中国西南地区的科技、商贸、金融中心和交通、通信枢纽。成都双流国际机场是中国第四大航空港。四川省是一个多民族的大家庭，境内有中国第二大藏区（甘孜州、阿坝州）、中国最大彝区（凉山州）和中国唯一的羌族自治县（北川县），其中甘孜州是康藏文化的核心区。四川历史悠久，文化灿烂，自然风光绚丽多彩。四川的非遗文化极为丰富，如格萨尔、大禹传说、川江号子、薅草锣鼓、火龙灯舞、川剧、四川皮影戏、木偶戏、绵竹木版年画、藏族唐卡、蜀绣、泥塑、竹编、火把节、都江堰放水节、羌年，等等。为更好地发展和保护非遗文化，成都于2011年修建完成了"国际非遗博览园"，试图以清晰的文化脉络、前瞻性的文化载体传承发展非遗文化。每两年举办一次的"国际非遗节"至2019年也已经成功举办了七届。

　　随着全球化进程的推进，世界各国都把文化产业视作提升本国经济发展的战略产业。不少发达国家的文化产业都已成为支柱性产业。四川非遗文化的外译既是对中华传统文化的外宣，也是促进四川经济发展和提升国际影响力的重要途径。成都漆器、蜀锦、蜀绣和都江堰清明放水节、蜀派古琴、绵竹年画等一大批非物质文化遗产体现了四川文化的精粹。四川省政府、成都市政府先后举办了中国成都国际非物质文化遗产节、都江堰祭水仪式、文化和自然遗产日等重大国际节会活动,还策划录制了四川形象系列英文外宣片,发布了具有广泛国际影响力的《2018世界文化名城论坛·天府论坛·成都共识》等,这些都是四川非遗文化国际传播的有效途径。在四川特色非遗文化"走出去"的进程中,外宣翻译在保护文化宝藏、提升地区国际影响力、促进招商引资以及带动非遗衍生文化产业化发展和企业孵化等方面体现了独特的经济价值。

第一节 四川省省级非物质文化遗产名录

四川省第一批非物质文化遗产名录(共189项)如下:

一、民间文学(12项)			
序号	编号	项目名称	申报地区及单位
1	Ⅰ—1	※格萨(斯)尔	甘孜州文化局
2	Ⅰ—2	苗族古歌	珙县文化体育局
3	Ⅰ—3	阿嫫妮惹	凉山州语委
4	Ⅰ—4	支格阿龙	凉山州民间文艺家协会
5	Ⅰ—5	月儿落西下	巴中市文化体育新闻出版局
6	Ⅰ—6	十里坪	巴中市文化体育新闻出版局
7	Ⅰ—7	毕摩经诵	马边彝族自治县教育文化体育局
8	Ⅰ—8	彝族克智	美姑县人民政府
			喜德县人民政府
9	Ⅰ—9	蚕丝祖神传说	盐亭县文化旅游局
10	Ⅰ—10	安安送米传说	德阳市旌阳区孝泉镇人民政府
11	Ⅰ—11	巴渠童谣	达州市通川区文化体育局
12	Ⅰ—12	"苏济川"虫虫歌	长宁县文化体育局
二、民间音乐(34项)			
序号	编号	项目名称	申报地区及单位
13	Ⅱ—1	薅秧歌	开江县文化馆

续表

14	Ⅱ—2	薅草锣鼓（※川北薅草锣鼓、川东薅草锣鼓、川东土家族薅草锣鼓）	青川县人民政府
			万源市文化局
			宣汉县文化局
15	Ⅱ—3	※巴山背二歌	巴中市文化体育新闻出版局
			万源市文化局
16	Ⅱ—4	滚板山歌	泸州市纳溪区文化体育广播电视局
17	Ⅱ—5	高腔山歌	合江县文化体育广播电视局
18	Ⅱ—6	彝族阿都高腔	布拖县人民政府
19	Ⅱ—7	朵乐荷	布普格县人民政府
			布拖县人民政府
20	Ⅱ—8	顶毪衫歌	丹巴县文化馆
21	Ⅱ—9	玛达咪山歌	九龙县文化馆
22	Ⅱ—10	康定溜溜调	康定县文化馆
23	Ⅱ—11	阿惹妞	马边彝族自治县教育文化体育局
24	Ⅱ—12	川西藏族山歌	甘孜州文化馆
			康定县文化旅游局
			丹巴县文化旅游局
			炉霍县文化旅游局
			九龙县文化旅游局
			甘孜县文化旅游局
			雅江县文化旅游局
			新龙县文化旅游局
			道孚县文化旅游局
			白玉县文化旅游局
			理塘县文化旅游局
			德格县文化旅游局
			乡城县文化旅游局
			石渠县文化旅游局
			稻城县文化旅游局
			色达县文化旅游局
			巴塘县文化旅游局

			德荣县文化旅游局
			马尔康县文化体育局
			九寨沟县文化体育局
			红原县文化体育局
			阿坝县文化体育和旅游局
			理县文化体育和旅游局
			若尔盖县文化体育和旅游局
			小金县文化体育局
			黑水县文化体育局
			金川县文化体育局
			松潘县文化体育局
			壤塘县文化体育和旅游局
			茂县县文化体育局
			木里县文化局
25	Ⅱ—13	义诺彝族民歌	雷波县文化体育局
26	Ⅱ—14	※川江号子	四川省音乐舞蹈研究所
27	Ⅱ—15	金沙江下游船工号子	屏山县文化体育旅游局
28	Ⅱ—16	永宁河船工号子	纳溪区文化体育广播电视局
29	Ⅱ—17	沱江船工号子	内江市东兴区文化体育局
30	Ⅱ—18	嘉陵江中游船工号子	南充市高坪区文化体育局
31	Ⅱ—19	竹麻号子	邛崃市群众艺术馆
32	Ⅱ—20	巴山石工号子	达县文化体育局
			开江县文化馆
33	Ⅱ—21	抬工号子	仁寿县文化馆
34	Ⅱ—22	婚嫁歌	南充市高坪区文化体育局
			蓬安县文化馆
			华蓥市文化馆
35	Ⅱ—23	南坪小调	九寨沟县文化体育局
36	Ⅱ—24	多声部民歌（阿尔麦多声部民歌、硗碛多声部民歌、羌族多声部民歌）	黑水县文化体育局
			宝兴县文化馆
			松潘县文化体育局

续表

37	Ⅱ—25	※羌笛演奏及制作技艺	茂县文化体育局
			茂县文化体育局
38	Ⅱ—26	大竹竹唢呐及制作工艺	大竹县文化馆
39	Ⅱ—27	唢呐艺术（咪苏唢呐、福宝贯打唢呐、苗族大唢呐、丹棱唢呐）	叙永县文化体育广播电视局
			合江县文化体育广播电视局
			筠连县文化体育局
			丹棱县文化馆
40	Ⅱ—28	口弦	北川县文化馆
			布拖县人民政府
41	Ⅱ—29	四川耍锣鼓（渠县耍锣鼓、李家耍锣鼓、象山花锣鼓、复兴耍锣鼓）	渠县土溪镇人民政府
			渠县临巴镇人民政府
			广元市朝天区文化体育局
			大英县文化体育局
			洪雅县文化馆
42	Ⅱ—30	川中大乐（仓山大乐、蓬莱大乐）	中江县文化体育旅游局
			大英县文化体育局
43	Ⅱ—31	文昌洞经古乐	梓潼县文物管理所
44	Ⅱ—32	青城洞经古乐	都江堰市文化馆
45	Ⅱ—33	峨眉山佛教音乐	峨眉山市文化体育局
46	Ⅱ—34	成都道教音乐	成都市道教协会

三、民间舞蹈（21项）

序号	编号	项目名称	申报地区及单位
47	Ⅲ—1	龙舞（※泸州雨坛彩龙、安仁板凳龙、船山桃子龙、盐亭桃子龙、遂宁耍旱龙、马潭火龙、双流火龙、宜宾小彩龙）	泸县文化体育广播电视局
			达县文化体育局
			遂宁市船山区文化体育局
			遂宁市船山区南京路街道办事处
			盐亭县文化旅游局
			遂宁市民间文化研究会
			泸州市龙马潭区胡市镇文化体育中心
			双流县文化馆
			宜宾县文化体育局

续表

48	Ⅲ—2	高台狮子	金堂县文化馆
49	Ⅲ—3	巴象鼓舞	阆中市文化局
50	Ⅲ—4	翻山铰子	平昌县文化体育新闻出版局
			达县文化体育局
			营山县文化体育局
51	Ⅲ—5	泸县百和莲花枪	泸县百和镇人民政府
52	Ⅲ—6	花灯(古蔺花灯、白龙花灯)	古蔺县文化体育广播电视局
			剑阁县文化局
53	Ⅲ—7	罗城麒麟灯	犍为县文化体育旅游局
54	Ⅲ—8	云童舞	广安市广安区文化体育局
55	Ⅲ—9	白马跳曹盖	平武县文化旅游局
56	Ⅲ—10	甲措	盐源县人民政府
57	Ⅲ—11	锅庄(达尔嘎、马奈锅庄、马尔锅庄、真达锅庄、木雅锅庄、得荣学羌、丹巴阿克日翁[兔儿锅庄]、乡城恰热[疯装锅庄]、新龙锅庄、德格卓且)	马尔康县文化体育局
			金川县文化体育局
			小金县文化体育局
			石渠县文化旅游局
			雅江县文化馆
			得荣县文化旅游局
			丹巴县文化馆
			乡城县文化旅游局
			新龙县文化馆
			德格县文化馆
58	Ⅲ—12	扎坝嘛呢舞	道孚县文化旅游局
59	Ⅲ—13	热巴舞	巴塘县文化旅游局
60	Ⅲ—14	甘孜踢踏	甘孜县文化馆
61	Ⅲ—15	弦子舞(※巴塘弦子舞)	巴塘县人民政府
62	Ⅲ—16	羌族羊皮鼓舞	汶川县文化体育局
63	Ⅲ—17	哈玛(战神舞)	马尔康县文化体育局
64	Ⅲ—18	金冠舞	若尔盖县文化馆
65	Ⅲ—19	博巴森根	理县文化体育局
66	Ⅲ—20	※卡斯达温舞	黑水县文化体育局

续表

序号	编号	项目名称	申报地区及单位
67	Ⅲ—21	※伲舞	九寨沟县文化体育局

四、传统戏剧（8项）

序号	编号	项目名称	申报地区及单位
68	Ⅳ—1	※川剧	四川省川剧艺术研究院
69	Ⅳ—2	"泸州河"川剧艺术	泸州市川剧团
70	Ⅳ—3	四川皮影戏（阆中皮影戏、何家班皮影戏、高观皮影戏、巴中皮影戏、成都皮影戏）	阆中市文化局
			南部县文化馆
			剑阁县文化局
			巴中市巴州区文化馆
			成都市艺术剧院
71	Ⅳ—4	灯戏（※川北灯戏、岳池灯戏、峨眉堂灯戏、夹江麻柳堂灯戏、许家湾十二花灯戏）	南充市川剧团
			岳池县文体局
			峨眉山市文化体育局
			夹江县文化体育广播电视旅游局
			北川县文化馆
72	Ⅳ—5	木偶戏（※川北大木偶戏、手掌木偶戏、成都木偶戏）	南充市四川省大木偶剧院
			邻水县文化体育局
			成都市艺术剧院
73	Ⅳ—6	射箭提阳戏	广元市元坝区射箭乡人民政府
74	Ⅳ—7	旺苍端公戏	旺苍县人民政府
75	Ⅳ—8	藏戏（德格藏戏、巴塘藏戏、色达藏戏）	德格县文化旅游局
			巴塘县文化旅游局
			色达县文化馆

五、曲艺（6项）

序号	编号	项目名称	申报地区及单位
76	Ⅴ—1	四川扬琴	四川省曲艺团
			成都市艺术剧院
			泸州市歌舞团
			四川省音乐舞蹈研究所
77	Ⅴ—2	四川清音	四川省曲艺团
			泸州市歌舞团

续表

序号	编号	项目名称	申报地区及单位
			成都市艺术剧院
78	V—3	四川竹琴	四川省曲艺团
			成都市艺术剧院
79	V—4	金钱板	成都市艺术剧院
			南充市高坪区文化体育局
80	V—5	百汪说唱	红原县文化体育局
81	V—6	飞刀花鼓	成都市青羊区文化馆

六、杂技与竞技（8项）

序号	编号	项目名称	申报地区及单位
82	VI—1	拗棒	开江县文化馆
83	VI—2	搬打狮子	泸州市纳溪区文化体育广播电视局
84	VI—3	大坝高装	兴文县文化体育局
85	VI—4	华蓥山滑竿抬幺妹	华蓥市文化体育局
86	VI—5	高亭	岳池县文化体育局
87	VI—6	峨眉武术	夹江县文化体育广播电视旅游局
			峨眉山市文化体育局
88	VI—7	五通桥龙舟竞技	乐山市五通桥区体育总会
89	VI—8	青林口高抬戏	江油市文化馆

七、民间美术（11项）

序号	编号	项目名称	申报地区及单位
90	VII—1	唤马剪纸	苍溪县唤马镇人民政府
91	VII—2	麻柳刺绣	广元市朝天区文化体育局
92	VII—3	石刻工艺（白花石刻、雾山石刻、安岳石刻）	广元市市中区文化体育旅游局
			江油市李白纪念馆
			安岳县文化体育局
93	VII—4	江安竹簧工艺	江安县旅游文化局
94	VII—5	宜宾面塑	宜宾市翠屏区文化局
95	VII—6	德格藏文书法	德格县文化馆
96	VII—7	夹江年画	夹江县文化体育广播电视旅游局
97	VII—8	※绵竹木版年画	德阳市绵竹年画博物馆
98	VII—9	※藏族格萨尔彩绘石刻	色达县文化旅游局

续表

99	Ⅶ—10	※藏族唐卡(噶玛嘎孜画派)	甘孜州藏画研究所
100	Ⅶ—11	※蜀绣	成都市蜀绣厂

八、手工技艺(58项)

序号	编号	项目名称	申报地区及单位
101	Ⅷ—1	※蜀锦织造技艺	成都市蜀锦文化发展有限责任公司
102	Ⅷ—2	自贡扎染工艺	自贡市扎染工艺厂
103	Ⅷ—3	凉山彝族毛纺织及擀制技艺	昭觉县人民政府
104	Ⅷ—4	隆昌夏布编织工艺	隆昌县文化体育局
105	Ⅷ—5	康巴藏族服装配饰制作工艺	甘孜州文化局
106	Ⅷ—6	藏族牛羊毛手工编织工艺	色达县文化馆
107	Ⅷ—7	羌绣传统刺绣工艺	汶川县文化体育局 茂县文化体育局
108	Ⅷ—8	龚扇	自贡市龚扇竹编工艺厂
109	Ⅷ—9	德阳潮扇传统工艺	德阳市旌阳区文化局
110	Ⅷ—10	油纸伞传统制作技艺	泸州市江阳区旅游局
111	Ⅷ—11	渠县刘氏竹编工艺	渠县刘氏竹编工艺有限公司
112	Ⅷ—12	青神竹编工艺	青神县文化馆
113	Ⅷ—13	沐川草龙编扎技艺	沐川县文化体育局
114	Ⅷ—14	道明日用竹编技艺	崇州市文化馆
115	Ⅷ—15	瓷胎竹编工艺	邛崃市群众艺术馆
116	Ⅷ—16	※德格印经院藏族雕版印刷技艺	德格县文化旅游局
117	Ⅷ—17	※竹纸制作技艺	夹江县文化局
118	Ⅷ—18	徐氏泥彩塑工艺	大英县文化体育局
119	Ⅷ—19	珙县珙石雕	珙县文化体育局
120	Ⅷ—20	自贡彩灯传统制作工艺	自贡市彩灯艺术协会
121	Ⅷ—21	高桩彩绘绑扎技艺	峨眉山市文化体育局 夹江县文化体育广播电视旅游局
122	Ⅷ—22	中型杖头木偶制作工艺	资中县木偶剧团
123	Ⅷ—23	藏族民间车模技艺	得荣县文化旅游局
124	Ⅷ—24	藏族建筑砌石技艺	丹巴县文化馆
125	Ⅷ—25	重华烟火架制作工艺	江油市文物保护管理所

126	Ⅷ—26	※自贡井盐深钻汲制技艺	自贡市 四川久大盐业集团公司
127	Ⅷ—27	※大英井盐深钻汲制技艺	大英县文化局
128	Ⅷ—28	※成都漆艺	成都市漆器工艺厂
129	Ⅷ—29	凉山彝族漆器制作工艺	喜德县人民政府
130	Ⅷ—30	凉山彝族银饰手工技艺	布拖县人民政府
131	Ⅷ—31	白玉河坡藏族金属手工技艺	白玉县文化馆
132	Ⅷ—32	银花丝技艺	成都市青羊区文化馆
133	Ⅷ—33	荥经砂器	荥经县文化体育管理局
134	Ⅷ—34	阿西土陶烧制工艺	稻城县旅游文化局
135	Ⅷ—35	桂花土陶传统制作工艺	彭州市群众艺术馆
136	Ⅷ—36	邛陶烧造技艺	邛崃市群众艺术馆
137	Ⅷ—37	南路边茶传统手工制作技艺	雅安市茶业协会
138	Ⅷ—38	蒙山茶传统制作技艺	名山县非物质文化遗产保护中心
139	Ⅷ—39	※泸州老窖酒酿制技艺	泸州老窖股份有限公司
140	Ⅷ—40	五粮液酒传统酿造技艺	四川省宜宾五粮液集团有限公司
141	Ⅷ—41	水井坊酒传统酿造技艺	成都市四川全兴股份有限公司
142	Ⅷ—42	剑南春酒传统酿造技艺	德阳市四川剑南春集团有限责任公司
143	Ⅷ—43	古蔺郎酒传统酿造技艺	泸州市四川郎酒集团有限责任公司
144	Ⅷ—44	沱牌曲酒传统酿造技艺	遂宁市四川沱牌曲酒股份有限公司
145	Ⅷ—45	民间藏酒酿造技艺	丹巴县文化馆
146	Ⅷ—46	渠县呷酒酿造技艺	渠县宕府王食品有限公司
147	Ⅷ—47	中江手工挂面工艺	中江县文化体育旅游局
148	Ⅷ—48	富顺豆花制作工艺	自贡市富顺豆花文化协会
149	Ⅷ—49	东柳醪糟酿造技艺	大竹县文化馆 达州市四川东柳醪糟有限责任公司
150	Ⅷ—50	护国陈醋传统酿制技艺	泸州市纳溪区文化体育广播电视局
151	Ⅷ—51	泸州市先市酱油传统酿制技艺	合江县文化体育广播电视局
152	Ⅷ—52	南溪豆腐干制作工艺	南溪县文化体育旅游局
153	Ⅷ—53	郫县豆瓣传统制作技艺	成都市郫县文化馆
154	Ⅷ—54	临江寺豆瓣传统工艺	资阳市雁江区文化体育局
155	Ⅷ—55	潼川豆豉制作技艺	三台县文化体育局

续表

156	Ⅷ—56	糖画技艺	成都市锦江区文化馆
157	Ⅷ—57	酥油花制作技艺	道孚县文化旅游局
158	Ⅷ—58	达县灯影牛肉传统加工技艺	达州市文化馆
			达州四川妙达饴美厨食品有限公司

九、传统医药(4项)

序号	编号	项目名称	申报地区及单位
159	Ⅸ—1	藏医药(※甘孜州南派藏医药)	甘孜州藏医院
160	Ⅸ—2	李仲愚针疗法	成都中医药大学附属医院
161	Ⅸ—3	成都中药炮制技术	成都中医药大学
162	Ⅸ—4	成都中医传统制剂方法	成都中医药大学

十、民俗(27项)

序号	编号	项目名称	申报地区及单位
163	Ⅹ—1	彝族年	凉山州文化局
			马边县教育文化体育局
164	Ⅹ—2	藏历年	甘孜州文化局
			阿坝州文化局
			木里县文化局
165	Ⅹ—3	羌年	茂县文化体育局
			汶川县文化体育局
			理县文化体育局
			北川县文化旅游局
166	Ⅹ—4	※火把节(彝族火把节)	凉山州文化局
167	Ⅹ—5	新龙藏历十三节	新龙县文化馆
168	Ⅹ—6	苏布士(羌年庆典)	阿坝州中国古羌释比文化传承研究会
169	Ⅹ—7	※都江堰放水节	成都市都江堰风景名胜管理局
170	Ⅹ—8	三汇彩亭会	渠县三汇镇人民政府
171	Ⅹ—9	文昌出巡	梓潼县文物管理所
172	Ⅹ—10	广汉保保节	广汉市文化体育局
173	Ⅹ—11	川南苗族踩山节	叙永县文化体育广播电视局
174	Ⅹ—12	硗碛上九节	宝兴县文化馆

175	X—13	八月彩楼会	芦山县民族民间文化传承中心
176	X—14	※羌族瓦尔俄足节	茂县文化体育和旅游局
177	X—15	康定"四月八"跑马转山会	康定县文化馆
178	X—16	赛马节(会)	理塘县文化馆
179	X—17	泸沽湖摩梭人母系氏族习俗	盐源县人民政府
180	X—18	雅砻江河谷扎巴藏族母系氏族习俗	雅江县文化馆
181	X—19	成人仪式	丹巴县文化馆
182	X—20	阿依美格	马边县教育文化体育局
183	X—21	通家山女儿碑庙会	射洪县青岗镇人民政府
184	X—22	环山鸡节	石棉县文化体育旅游局
185	X—23	广元女儿节	广元市文化局
186	X—24	山岩帕措习俗	白玉县文化馆
187	X—25	凉山彝族"尼木措毕"祭祀	美姑县人民政府
188	X—26	峨眉山大庙庙会	峨眉山市文化体育局
189	X—27	新山傈僳族约德节	攀枝花市文化局

第二节 四川非物质文化遗产保护策略

    非物质文化遗产是不可再生的珍贵资源,随着时代的发展和现代化进程的推进,加强非物质文化遗产保护已刻不容缓。按照《国务院关于加强文化遗产保护的通知》(国发〔2005〕42号)的精神,四川省各级文化行政部门认真贯彻"保护为主、抢救第一、合理利用、传承发展"的工作方针,坚持政府保护和民间保护相结合,财政投入和社会资金相结合,调动社会各方面积极性;充分发挥主导作用,与有关单位分工负责,加强协调,切实履行职能;各有关部门根据有关法律法规和政府赋予的职能,实施行业管理,共同做好四川省非物质文化遗产保护工作。

    我国现有的《推动共建丝绸之路经济带》和《"一带一路"文化发展行动计划(2014—2019年)》,可以说为之后的实践提供了清晰、有效地指导性根据。

但是非物质文化遗产保护工作毕竟存在各种特殊性、完整性、务实性,所以还需要及时从国家战略层面入手,制定出更加具有针对意义的四川沿线非物质文化遗产保护规划,尽量使其与国家"一带一路"紧密相连。这样一来,就可以通过对专项规划的制定及落实,有效地争取沿线国家理解、支持、帮助等条件。从而使我国"一带一路"沿线地区非物质文化遗产保护事业做到全方面统筹,等到国内外资源得到有机整合后,带领地方政府与企业等共同参与到此类活动当中,逐渐形成强有力的合作。另一方面就是针对区域性的非物质文化遗产保护规划以及专项非物质文化遗产保护方案等进行补充,必要地方做出调整改变,加大力度保障在日后可以分重点和分层次地推动"一带一路"沿线非物质文化遗产的保护。

要想更高水平地组织开展非物质文化遗产保护工作,就必须提前有计划和系统性地展开对四川沿线非物质文化遗产的调查活动。首先要加大调查力度,务必保证四川沿线非物质文化遗产线索及资料数据等能够在最短的时间内得到收集整理,而后再用先进的技术手法对其进行数字化转变,得出完整的"一带一路"非物质文化遗产资源数据库,为日后沿线非物质文化遗产保护质量提供保证。其次在共享非物质文化遗产保护组织当中设立普查委员会,将责任落实到个人。也就是要保证在特定时间内指派专项调查组去到成员国中,对包含共同文化特征的非物质文化遗产进行全方位的调查及仔细反复确认。最后,还需要凭借文字、录音、视频等进行还原性记录,也可以将相关的手抄、经书等实物附上,最终做出完整专业性极强的研究报告,方便交给确认委员会做出直接准确的判定。

每年选取特定的时间在四川沿线各类区域中组织非物质文化遗产宣传活动,让非物质文化遗产保护思想在"一带一路"沿线当中得到普及。我国当前必须要加强对沿线非物质文化遗产保护和四川"一带一路"高峰研讨会等活动、互联网技术间的融合力度,为沿线非物质文化遗产保护提供话语沟通系统、动态化展览平台。尤其是在面对四川沿线区域的共同非物质文化遗产、宗教信仰等网络时,必须及时与地方社会经济发展格局相吻合,从而形成统筹运营的非物质文化遗产开放走向。如遇到必要情况可以成立非物质文化遗产发展基金会,让"一带一路"四川沿线非物质文化遗产得到保护项目应有的扶持效果。

备受关注的《四川省非物质文化遗产条例(草案)》在省十二届人大常委会第二十八次会议第一次全体会议上提请审议。结合四川非物质文化遗产资源现状,草案提出了有针对性的分类保护措施,确立了对代表性项目集中、特色鲜明的特定区域实行区域性整体保护的制度。草案规定,县级以上地方人民政府将非物质文化遗产保护、保存工作纳入本级国民经济和社会发展规划,将保护、保存经费列入本级财政预算;对少数民族地区、革命老区、边远及贫困地区的非物质文化遗产保护、保存工作,在资金、人才培养、设施建设等方面给予扶持。草案明确了地方非物质文化遗产代表性目录的入选条件、来源途径、评审程序。结合四川非物质文化遗产资源现状,草案提出,县级以上地方人民政府文化主管部门应当根据代表性项目的状况和特点,制定项目保护规划和实施方案,按照下列情况进行分类保护:对濒临消失、活态传承困难的项目,及时采用记录、收集有关实物、保护相关场所及遗迹等措施,实行抢救性保护;对受众较广泛、活态传承较好的项目,通过认定代表性传承人、培育或者扶持传承基地等方式,实行传承性保护;对具有市场需求与开发潜力、可转化为产品和服务的传统技艺、美术、医药类等项目,注重代表性传承人的技艺传承及项目的合理开发利用,实行生产性保护;对民俗类的项目,注重在相关地区开展宣传、教育和民俗活动,促进群体传承。草案授权省政府文化主管部门制定非物质文化遗产代表性名录具体评审办法、非物质文化遗产专家遴选和管理办法,统一标准和程序,确保评审工作公开公平公正。

《四川省非物质文化遗产条例》

第一章 总则

第一条 为了继承和弘扬中华民族优秀传统文化,加强非物质文化遗产保护、保存工作,根据《中华人民共和国非物质文化遗产法》等法律、行政法规,结合四川省实际,制定本条例。

第二条 四川省行政区域内非物质文化遗产的保护、保存适用本条例。

本条例所称非物质文化遗产,是指各族人民世代相传并视为其文化遗产组成部分的各种传统文化表现形式,以及与传统文化表现形式相关的实物和场所。包括:

(一)传统口头文学以及作为其载体的语言;

(二)传统美术、书法、音乐、舞蹈、戏剧、曲艺和杂技;

(三)传统技艺、医药和历法;

(四)传统礼仪、节庆等民俗;

(五)传统体育和游艺;

(六)其他传统文化表现形式。

属于非物质文化遗产组成部分的实物和场所,凡属文物的,适用文物保护法律法规的有关规定。

第三条 本条例所称保护是指对体现中华民族优秀传统文化,具有历史、文学、艺术、科学价值的非物质文化遗产采取的传承、传播等措施;保存是指对非物质文化遗产采取的认定、记录、建档等措施。

第四条 非物质文化遗产的保护、保存,应当贯彻保护为主、抢救第一、合理利用、传承发展的方针,坚持政府主导、部门负责、社会参与的原则,注重其真实性、整体性和传承性,有利于增强民族团结、促进社会发展。

第五条 县级以上地方人民政府应当加强对非物质文化遗产保护工作的领导,建立非物质文化遗产保护工作协调机制,将非物质文化遗产保护、保存工作纳入本级国民经济和社会发展规划,将保护、保存经费列入本级财政预算。

第六条 县级以上地方人民政府应当对少数民族地区、革命老区、边远地区及贫困地区的非物质文化遗产保护、保存工作,结合农村扶贫开发工作,在资金、人才培养、设施建设等方面给予扶持。

第七条 县级以上地方人民政府文化主管部门负责本行政区域内的非物质文化遗产保护、保存工作。

发展改革、财政、教育、人力资源社会保障、民族宗教、新闻出版广电、旅游、城乡规划、商务、卫生计生、体育、扶贫、移民等有关部门在各自职责范围内,负责有关非物质文化遗产的保护、保存工作。

乡(镇)人民政府和街道办事处协助做好非物质文化遗产保护、保存工作。

第八条 县级以上地方人民政府应当加强对非物质文化遗产保护工作的宣传,可以将本地非物质文化遗产工作同社区教育、职业教育、义务教育、学前教育等结合起来,普及非物质文化遗产知识,增强全社会保护非物质文化遗产的意识。

第九条 鼓励和支持公民、法人和其他组织依法参与非物质文化遗产保护工作。

对在非物质文化遗产保护工作中做出显著贡献的组织和个人,按照国家有关规定予以表彰、奖励。

第二章 非物质文化遗产的调查

第十条 县级以上地方人民政府根据非物质文化遗产保护、保存工作需要,组织非物质文化遗产调查。

县级以上地方人民政府文化主管部门负责非物质文化遗产调查,全面掌握其种类、数量、分布、生存环境、保护现状等情况;其他有关部门可以对其工作领域内的非物质文化遗产进行调查。

第十一条 公民、法人和其他组织可以向当地文化主管部门提供非物质文化遗产线索和资料,也可以依法进行非物质文化遗产调查。

第十二条 境外组织或者个人在四川省进行非物质文化遗产调查,应当向省人民政府文化主管部门提出申请,载明调查的内容、对象、时间、地点、调查组织或者人员等情况;省人民政府文化主管部门应当自受理申请之日起20日内作出是否批准的书面决定。

境外组织在四川省进行非物质文化遗产调查,应当与境内非物质文化遗产学术研究机构合作进行。

境外组织或者个人应当自调查结束之日起30日内,向省人民政府文化主管部门提交调查报告和调查中取得的实物图片、资料复制件。

第十三条 进行非物质文化遗产调查应当征得调查对象同意,尊重其风俗习惯、宗教信仰,不得损害其合法权益,不得非法占有、损毁非物质文化遗产相关资料、实物、建（构）筑物、场所等。

第十四条　县级以上地方人民政府文化主管部门应当建立非物质文化遗产濒危项目目录，对通过调查或者其他途径发现的濒临消失的非物质文化遗产项目，应当及时采取抢救性措施予以优先保存。

第十五条　县级以上地方人民政府文化主管部门应当采用文字、录音、录像、数字化多媒体等多种方式对非物质文化遗产进行真实、系统和全面的记录，建立非物质文化遗产档案和相关数据库，并妥善保存相关实物和资料。

文化主管部门和其他有关部门应当建立健全非物质文化遗产调查信息共享机制。其他有关部门应当在非物质文化遗产调查结束后60日内，将实物图片、资料复制件汇总提交同级文化主管部门。

除依法应当保密的外，非物质文化遗产档案及相关数据信息应当公开，便于公众查阅。

第三章　非物质文化遗产代表性项目名录

第十六条　建立省、市、县三级非物质文化遗产代表性项目（以下简称代表性项目）名录，将符合下列条件的非物质文化遗产项目列入名录予以保护：

（一）具有历史、文学、艺术、科学价值；

（二）具有中华民族优秀传统文化的典型性、代表性；

（三）具有在一定群体内世代传承传播的特点；

（四）具有地域或者民族特色，在一定区域内有较大影响力。

第十七条　县级以上地方人民政府文化主管部门可以从调查或者其他途径发现的非物质文化遗产中，遴选拟列入本级代表性项目名录的项目。

第十八条　公民、法人和其他组织可以向县级以上地方人民政府文化主管部门提出列入当地代表性项目名录的申请或者建议。

第十九条　省人民政府依法从省级代表性项目名录中选择具有重大历史、文学、艺术、科学价值的非物质文化遗产项目，向国务院文化主管部门推荐列入国家级代表性项目名录。

市（州）、县（市、区）人民政府可以从本级代表性项目名录中选择项目，向上一级人民政府文化主管部门推荐列入上一级代表性项目名录。

第二十条 推荐、申请或者建议列入代表性项目名录,应当向有关文化主管部门提交以下材料:

(一)项目介绍,包括项目名称、历史、现状和价值;

(二)传承情况介绍,包括传承范围、传承谱系、传承人的技艺水平、传承活动的社会影响;

(三)保护计划,包括保护应当达到的目标和应当采取的措施、步骤、管理制度;

(四)有助于说明项目的视听资料等材料。

第二十一条 建立非物质文化遗产保护专家评审制度。

省、市(州)人民政府文化主管部门建立非物质文化遗产专家库。专家库由历史、文学、艺术、民俗、宗教、医药、技艺等相关领域具有较高水平和良好职业道德的专家组成,参与非物质文化遗产保护的规划、评审、认定、评估等相关工作。

专家遴选和管理办法由省人民政府文化主管部门制定。

第二十二条 县级以上地方人民政府文化主管部门应当组织专家评审小组和专家评审委员会,对拟列入本级代表性项目名录的项目进行初评和审议,评审工作应当遵循公开、公平、公正的原则。

具体评审办法由省人民政府文化主管部门制定。

第二十三条 代表性项目评审应当经过以下程序:

(一)对拟列入名录的项目,专家评审小组进行初评,经专家评审小组成员过半数通过后形成初评意见;

(二)专家评审委员会对初评意见进行审议,提出审议意见,审议意见应当经专家评审委员会成员过半数通过;

(三)文化主管部门将拟列入本级代表性项目名录的项目通过媒体公示征求公众意见,公示时间不少于20日;

(四)文化主管部门根据评审委员会的审议意见和公示结果,拟订本级非物质文化遗产代表性项目名录,报本级人民政府批准后公布,并报上一级文化主管部门备案。

第二十四条 公民、法人和其他组织对拟列入代表性项目名录的项目有异议的,应当在公示期间提出书面意见。文化主管部门经调查核实,认为异议不成立的,应当在收到书面意见之日起30日内书面告知异议人并说明理由;认为异议成立的,应当按照规定程序重新组织评审。

第四章 非物质文化遗产的传承与传播

第二十五条 县级以上地方人民政府文化主管部门可以认定并公布代表性项目的保护单位和代表性传承人(个人或者团体),并报上一级人民政府文化主管部门备案。

认定代表性项目保护单位和代表性传承人,参照本条例代表性项目评审的有关规定进行认定。

第二十六条 代表性项目保护单位(以下简称保护单位)应当具备下列条件:

(一)经依法登记,并有专人负责该项目保护工作;

(二)具有该项目代表性传承人或者该项目相对完整的原始资料;

(三)具有编制并实施该项目保护计划的能力;

(四)具备开展传承、传播活动的场所及其他条件。

第二十七条 保护单位应当履行下列职责:

(一)制定、实施项目保护计划及措施,向有关文化主管部门定期报告项目保护情况并接受监督;

(二)收集有关实物、资料,并登记、整理、建档;

(三)保护有关实物、资料和场所;

(四)开展项目传承、展示、学术研究等活动;

(五)培养项目传承人,为传承活动提供必要条件。

第二十八条 代表性项目代表性传承人(以下简称传承人)应当符合下列条件:

(一)熟练掌握其传承的非物质文化遗产;

(二)具有传承谱系,在特定领域和一定区域具有代表性、影响力;

（三）积极开展传承活动。

第二十九条 公民、法人和其他组织可以向当地文化主管部门推荐传承人，公民也可以自行申请认定为传承人。推荐传承人的，应当征得被推荐人的书面同意。

推荐或者自行申请传承人，应当提交下列材料，材料应当真实、准确：

（一）被推荐人或者申请人的基本情况；

（二）该项目传承谱系以及被推荐人或者申请人的学艺与传承经历；

（三）被推荐人或者申请人的技艺特点、成就及相关证明材料；

（四）被推荐人或者申请人持有该项目的相关实物、文献等资料情况；

（五）其他说明被推荐人或者申请人代表性的材料。

第三十条 传承人应当履行下列义务：

（一）采取收徒、办学等方式，开展传承活动，培养后继人才；

（二）妥善保存相关实物、资料；

（三）配合文化主管部门及有关部门进行非物质文化遗产调查工作；

（四）参与非物质文化遗产公益性宣传、展示、传播活动。

第三十一条 保护单位和传承人享有下列权利：

（一）开展传授、展示技艺、文艺创作、学术研究等活动；

（二）依法向他人提供其掌握的知识、技艺以及有关原始资料文献、实物、场所等，并获得相应报酬；

（三）申请获得项目保护经费或者传承人补助；

（四）提出非物质文化遗产保护工作的意见及建议。

第三十二条 县级以上地方人民政府文化主管部门应当建立本级代表性项目的保护单位和传承人档案，档案包括代表性项目保护规划的实施情况、经费使用、传承和传播展示等情况。

第三十三条 县级以上地方人民政府文化主管部门根据需要通过提供场地、经费资助等方式支持保护单位和传承人开展传承、传播活动。

教育、人力资源社会保障等部门可以采取助学、奖学或者给予职业培训补贴等方式，资助传承人带徒授艺。

第三十四条 县级以上地方人民政府应当利用现有场馆、在新建公共文化设施中设立专门区域或者根据需要新建非物质文化遗产展示场馆,结合当地传统节庆、民间习俗以及文化和自然遗产日,开展代表性项目的收藏、展示和传播活动。

县级以上地方人民政府可以将满足当地群众公共文化服务需求的代表性项目的传承与展示活动,列入本级人民政府向社会力量购买公共文化服务的指导性目录。

第三十五条 县级以上地方人民政府文化主管部门应当组织保护单位和传承人开展文化服务等活动,将非物质文化遗产传播与农村文化、社区文化、校园文化、企业文化、家庭文化建设相结合,丰富优秀公共文化产品服务与供给。

第三十六条 县级以上地方人民政府文化主管部门应当开展非物质文化遗产的数字化保护和传播,建立数据库和数字化保护系统平台,方便公民、法人和其他组织进行资料查询和复制,支持非物质文化遗产保护技术研究、传播推广和成果转化。

第三十七条 非物质文化遗产保护机构、学术研究机构,图书馆、文化馆、博物馆、科技馆、美术馆、档案馆、青少年活动中心、基层文化活动中心等公共文化机构,以及利用财政性资金举办的文艺表演团体、演出场所经营单位等,应当根据各自业务范围,有计划地开展代表性项目的研究、收藏、展示、传承等活动。

第三十八条 报刊、广播电视、互联网等媒体应当通过多种方式开展非物质文化遗产保护宣传,普及非物质文化遗产知识。

第三十九条 教育机构应当按照教育主管部门规定,将本地优秀的、体现民族精神与民间特色的非物质文化遗产列入教育内容。

学校可以采取课堂教学与社会实践相结合的方法,通过将非物质文化遗产内容融入相关课程,或者与特色课程相结合、开设校本课程等方式,向学生普及非物质文化遗产知识。

非物质文化遗产专题公共文化设施或者展室应当为学校开展教育活动提供服务和便利。

第四十条 鼓励和支持保护单位和传承人参与学校开展的非物质文化遗

产课程。

鼓励和支持职业学校、高等学校、科研机构建立非物质文化遗产教学、研究基地,设置相关专业和课程,培养非物质文化遗产保护、传承等专业人才。

第四十一条 鼓励和支持公民、法人和其他组织通过下列方式参与非物质文化遗产的传承与传播:

(一)成立非物质文化遗产研究机构,设立非物质文化遗产展示和传承场所,举办公益性非物质文化遗产展示活动,研究、收藏和传承代表性项目;

(二)整理、翻译、出版非物质文化遗产原始文献、典籍、资料等;

(三)将其持有的非物质文化遗产实物和资料捐赠或者委托政府设立的公共文化机构收藏、保管、展出;

(四)资助非物质文化遗产的传承与传播。

第四十二条 实行代表性项目、传承人动态管理制度。

县级以上地方人民政府文化主管部门应当会同有关部门,组织相关专家、有代表性的社会人士定期对本级代表性项目保护的实施情况进行评估和监督检查,并向社会公开评估结果。

县级以上地方人民政府文化主管部门监督检查发现保护单位或者传承人无正当理由未履行规定义务的,责令其限期整改;逾期不改正的,应当取消其保护单位或者传承人资格,并按照规定程序予以重新认定。

传承人丧失传承能力,难以履行传承义务的,县级以上地方人民政府文化主管部门可以重新或者补充认定该项目的传承人,原传承人继续保留传承人资格。

第四十三条 代表性项目因客观环境改变无人传承、不再呈活态文化特性而自然消亡的,经县级以上地方人民政府文化主管部门组织专家评估、调查核实后,报请本级人民政府批准退出名录,并向社会公布。

第五章 非物质文化遗产的保障与利用

第四十四条 县级以上地方人民政府应当明确承担非物质文化遗产保护工作职责的机构,加强非物质文化遗产保护队伍建设,以多种方式培养非物质文化遗产研究、传承、保护等各类专门人才。

第四十五条　县级以上地方人民政府文化主管部门应当根据非物质文化遗产保护、保存工作需要,听取相关专家和社会公众意见,会同有关部门编制本级非物质文化遗产保护工作规划。

第四十六条　县级以上地方人民政府文化主管部门应当根据代表性项目的状况和特点,制定项目保护规划和实施方案,实行分级、分类保护。

第四十七条　对濒临消失、活态传承困难的项目,县级以上地方人民政府文化主管部门应当会同有关部门制定抢救保护方案,予以重点抢救性保护。抢救性保护应当采取下列措施:

（一）采用文字、图片、录音、录像等方式进行记录、整理、保存、建档;

（二）征集、保存相关资料实物;

（三）保护相关场所及遗迹;

（四）采取特殊措施培养传承人;

（五）其他抢救性保护措施。

第四十八条　对受众较广泛、活态传承较好的项目,县级以上地方人民政府文化主管部门可以通过认定传承人、培育或者扶持传承基地等方式,实行传承性保护。根据需要采取下列措施,支持传承人和传承基地开展传承活动:

（一）记录、整理、出版有关技艺资料;

（二）提供必要的传承场所;

（三）给予必要的经费资助;

（四）组织开展研讨、展示、宣传、交流等活动;

（五）有利于项目传承的其他措施。

第四十九条　对具有市场需求与开发潜力的传统技艺、美术、医药类等项目,鼓励和支持发挥非物质文化遗产资源的特殊优势,进行合理开发利用,实行生产性保护。

县级以上地方人民政府及有关部门根据需要,引导、扶持代表性项目生产性保护示范基地建设,加强传统工艺的挖掘、记录、整理和研究,使项目的核心技艺在生产实践中得以传承。

实行生产性保护应当坚持在保护的基础上合理开发利用,保持非物质文化遗产的真实性、整体性和传承性。鼓励在不改变其主要传统生产方式、传统工艺流程和核心技艺基础上,探索手工技艺与现代科技、工艺装备的有机融合,提高传统工艺的传承和再创造能力,加强成果转化。

第五十条 鼓励在保护非物质文化遗产核心价值的基础上,对非物质文化遗产进行再创造,促进非物质文化遗产走进现代生活,实现可持续发展。

第五十一条 利用代表性项目进行艺术创作、出版、旅游活动等,应当尊重其原真形式和文化内涵,不得歪曲、贬损、滥用和过度开发。

第五十二条 县级以上地方人民政府应当对合理利用代表性项目的公民、法人和其他组织,在资金、场所提供、宣传推介、产品销售等方面予以扶持和帮助。

合理利用代表性项目的,可以按规定申请国家、省级相关产业发展专项资金,依法享受国家规定的税收、信贷、土地使用等优惠政策。

第五十三条 符合下列条件的特定区域,所在地文化主管部门可以会同有关部门制定非物质文化遗产专项保护规划,设立文化生态保护区,实行区域性整体保护:

(一)传统文化积淀丰厚、存续状态良好,并为社会广泛认同;

(二)非物质文化遗产资源丰富,代表性项目集中,且具有较高的历史、文化、科学价值和鲜明的区域特色;

(三)非物质文化遗产所依存的自然环境和人文环境良好;

(四)当地居民的文化认同感和参与保护的自觉性较高。

非物质文化遗产专项保护规划应当征求特定区域内的居民意见,组织相关专家咨询论证,报经本级人民政府批准后实施。

文化生态保护区应当以保护区域内的非物质文化遗产为核心,注意保护相关的文化空间和特定的自然人文环境,结合传统村落、少数民族特色村镇和历史文化街区以及相关的自然生态环境、物质文化遗产及其资源等,进行整体性保护。

第五十四条 实行区域性整体保护涉及非物质文化遗产集中地村镇或者街区空间规划的,由当地城乡规划主管部门依据相关法规制定专项保护规划,并依法纳入当地城乡规划。

在整体保护区域内新建、改造或者修缮建(构)筑物,应当尊重该区域的传统文化和历史风貌,并与之相协调。

第五十五条 县级以上地方人民政府应当在政策优惠、资金投入、基础设施建设等方面对整体保护区予以扶持。

鼓励有条件的整体保护区在保持非物质文化遗产真实性、整体性和传承性的基础上,发展符合其特色的旅游活动。

第五十六条 县级以上地方人民政府应当采取措施,保护与代表性项目密切相关的珍稀矿产和植物、动物等天然原材料。

第五十七条 鼓励和支持公民、法人和其他组织参与非物质文化遗产的利用与发展,依法开展代表性项目对外交流与贸易,提高非物质文化遗产的影响力,弘扬中华民族优秀传统文化。

第六章 法律责任

第五十八条 违反本条例规定,境外组织或者个人擅自进行非物质文化遗产调查的,由文化主管部门责令改正,给予警告,没收违法所得及调查中取得的资料、实物;情节严重的,对境外组织并处10万元以上50万元以下罚款,对境外个人并处1万元以上5万元以下罚款。

第五十九条 违反本条例规定,公民、法人和其他组织在申报代表性项目保护单位或者传承人过程中弄虚作假的,由文化主管部门责令改正,给予警告;情节严重的,取消其参评资格;已被认定为代表性项目保护单位或者传承人的,予以取消,并责令其退还项目保护经费或者传承人补助经费。

第六十条 违反本条例规定,文化主管部门和其他有关部门、非物质文化遗产保护工作机构及其工作人员在非物质文化遗产保护、保存工作中有下列情形之一的,对直接负责的主管人员和其他直接责任人员依法给予处分:

(一)进行非物质文化遗产调查时不尊重风俗习惯和宗教信仰,造成严重后果的;

(二)违反法定条件和程序认定代表性项目及其保护单位和传承人的;

(三)截留、挪用、挤占非物质文化遗产保护、保存经费的;

(四)玩忽职守、滥用职权、徇私舞弊的。

第六十一条 侵占、破坏代表性项目相关资料、实物、建(构)筑物、场所的,尚不构成犯罪的,由文化主管部门责令改正,给予警告,可并处2千元以上2万元以下罚款;情节严重的,并处2万元以上10万元以下罚款;有违法所得的,没收违法所得。

第七章 附 则

第六十二条 使用非物质文化遗产涉及知识产权的,适用有关法律、行政法规的规定。

对传统医药、传统工艺美术等的保护,法律、行政法规另有规定的,依照其规定。

第六十三条 本条例自2017年9月1日起施行。

第二章 四川非物质文化遗产外宣活动

第一节 非遗旅游项目和旅游产品——"非遗之旅"

从四川省文化和旅游厅举行的2019年"文化和自然遗产日"四川省宣传展示活动新闻通气会上获悉,四川省将推出非遗旅游项目和旅游产品——"非遗之旅"。该产品将囊括10条非遗线路,让观众在旅游的同时能感受四川灿烂的非遗文化,同时也让非遗提升旅游的文化品位和价值。

"非遗之旅"以非遗项目为核心,以旅游线路为依托,以非遗传习所、非遗体验区和体验基地等为载体,通过产品设计、线路策划,推进非遗元素与旅游线路融合,与知名景区融合,与旅游服务融合,与旅游体验融合。该项目旨在促进非遗项目与旅游线路和景区景点融合,推动非遗保护设施与旅游服务融合,并提升非遗技艺传承与旅游互动体验的融合。项目包括10条旅游线路,分别为藏羌环线非遗之旅、香格里拉非遗之旅、蜀道三国非遗之旅、古蜀名镇非遗之旅、川北巴山非遗之旅、茶马古道非遗之旅、川江沿线非遗之旅、青城峨眉非遗之旅、年画体验之旅和竹艺体验之旅。

一、藏羌环线非遗之旅

(1)基本特点。依托"九寨沟环线"经典旅游线路(成都——汶川——茂县——松潘——九寨沟——平武——北川——成都)深度体验藏羌民族非遗项目的独特魅力。

(2)非遗聚集区域。汶川水磨镇,茂县中国古羌城,松潘古城、川主寺,平武走马羌寨、白马寨,北川巴拿恰。

(3)重点非遗项目。羌年、羌绣、羌族羊皮鼓舞、羌族碉楼营造技艺、木姐珠和斗安珠、羌族萨朗、羌族推杆、仡舞、登甘嘎汋(熊猫舞)、川西藏族山歌、南坪小调、羌族成人冠礼、羌族瓦尔俄足节、羌族婚俗、"古尔果"(羌族转山会)、基勒俄足(羌族狩猎节)、大禹祭祀习俗等。

二、香格里拉非遗之旅

(1)基本特点。依托318中国最美景观大道(成都——康定——雅江——理塘——稻城——成都)深度体验康巴非遗项目的独特魅力。

(2)非遗聚集区域。康定跑马山,康定情歌城,雅江康巴汉子村,理塘千里藏寨,稻城亚丁景区。

(3)重点非遗项目。康定溜溜调、川西藏族山歌、木雅藏戏、木雅藏族服饰制作技艺、木雅石砌、理塘锅庄、理塘藏戏、康定"四月八"跑马转山会、木雅锅庄、赛马节(会)等。

三、蜀道三国非遗之旅

(1)基本特点。依托蜀道沿线非遗资源(广汉——罗江——涪城——江油——梓潼——剑门关——昭化区——朝天区——阆中——南部——西充——南充)深度体验三国蜀汉文化的独特魅力。

(2)非遗聚集区域。三星堆博物馆、白马关、富乐阁、李白纪念馆、七曲山风景区、剑门关风景区、昭化古城、明月峡景区、阆中古城、禹迹山大佛、升钟湖风景名胜区、凤凰山、鹤鸣山旅游景区。

(3)重点非遗项目。德阳潮扇传统工艺、重华烟火架制作工艺、抬阁(青林口高抬戏)、铁索飞渡、雾山石刻、文昌出巡、文昌洞经古乐、金钱板、嘉陵江中游船工号子、婚嫁歌、西充祥龙嫁歌、南部傩戏、四川评书(南部评书)、阆中老观灯戏、大新花灯、马鸣阳戏、白龙花灯、何家班皮影戏、高观皮影戏、广汉保保节、柄林毛笔制作技艺、麻柳刺绣、涪城剪纸、西充剪纸、阆中皮影戏、阆中春节习俗等。

四、古蜀名镇非遗之旅

(1)基本特点。依托文化旅游名镇和街区的丰富非遗资源(成都市及周边),深度体验古蜀民风民俗的独特韵味。

(2)非遗聚集区域。三星堆博物馆、金沙遗址博物馆、文殊坊、武侯祠、锦里、宽窄巷子、杜甫草堂、水井坊博物馆、望丛祠旅游景区、川菜博物馆、三道堰古镇、街子古镇、怀远古镇、平乐古镇、安仁古镇、黄龙溪古镇、五凤溪古镇、洛带古镇。

（3）重点非遗项目。成都牛儿灯、成都皮影戏、成都木偶戏、被单戏、四川扬琴、四川清音、金钱板、四川车灯、四川相书、四川莲箫、四川评书、成都面人、川菜传统烹饪技艺、郫县豆瓣传统制作技艺、糖画技艺、怀远三绝制作技艺、赖汤圆传统制作技艺、夫妻肺片传统制作技艺、钟水饺传统制作技艺、水井坊酒传统酿造技艺、客家婚俗、端午龙舟会、成都灯会、人日游草堂、郫县望丛赛歌会、天彭牡丹花会、元通清明春台会、客家水龙节等。

五、川北巴山非遗之旅

（1）基本特点。依托川北巴人文化资源（三台县——盐亭县——仪陇县——恩阳区——平昌县——宣汉县——渠县——广安区——武胜县）全面展现大巴山多彩民俗。

（2）非遗聚集区域。郪江古镇、嫘祖陵景区、朱德故里琳琅山风景区、恩阳古镇、白衣古镇、巴山大峡谷、渠县城坝遗址、神龙山巴人石头城、沿口古镇。

（3）重点非遗项目。涪江号子、建中高跷狮灯、蚕丝祖神传说、盐亭桃子龙、耍蚕龙、盐亭梓江龙、盐亭水龙、云童舞、郪江镇城隍庙会、蚕姑庙会、土家余门拳、渠县刘氏竹编、武胜剪纸、仪陇剪纸、蓝印花布制作技艺等。

六、茶马古道非遗之旅

（1）基本特点。依托茶马古道和南方丝绸之路资源（邛崃——雅安——荥经——汉源——石棉——冕宁——西昌——德昌——米易——攀枝花）深度体验藏彝走廊民俗，进行阳光之旅。

（2）非遗聚集区域。平乐古镇、碧峰峡、蒙顶山、大相岭自然保护区、大渡河大峡谷、上里古镇、彝海、螺髻山旅游风景区、龙潭溶洞、迤沙拉旅游景区、阿署达花舞人间景区。

（3）重点非遗项目。竹麻号子、夹关高跷、晏场高台、荥经砂器烧制技艺、硗碛多声部民歌、藏族赶马调、邛都洞经古乐、傈僳族民间传说、傈僳族高腔、南路边茶制作技艺、蒙山茶传统制作技艺、蒙顶黄芽传统制作技艺、叙府龙芽传统制作技艺、彝族火把节、绿林派武术、环山鸡节、木雅藏族"什结拉布"、傈僳族嘎且且撒勒舞、傈僳族阔时节、傈僳族婚俗、苗族绷鼓仪式等。

七、川江沿线非遗之旅

(1)基本特点。依托川南长江上游及其支流沿线资源(资阳——资中——内江——自贡——宜宾——泸州——泸县)开展滋味之旅,体验传统民俗文化。

(2)非遗聚集区域。花溪谷、半月山大佛、资中文庙、大千园旅游景区、自流井——恐龙风景名胜区、富顺文庙、五粮液旅游景区、蜀南竹海、太平古镇、泸州老窖旅游区、古蔺二郎镇、屈氏庄园、玉蟾山风景区。

(3)重点非遗项目。峨眉盘破门武术、中型杖头木偶、资阳河川剧艺术、车车灯、江安竹簧、油纸伞传统制作技艺、五粮液酒传统酿造技艺、泸州老窖酒酿制技艺、古蔺郎酒传统酿造技艺、泸县石雕、菜肴制作技艺、自贡灯会、分水岭乡火龙节、泸州雨坛彩龙、玄滩狮舞等。

八、青城峨眉非遗之旅

(1)基本特点。依托青城山、峨眉山沿线丰富自然和人文资源(都江堰——眉山东坡区——乐山市中区——峨眉山市——夹江县——洪雅)深度体验世界自然与文化遗产,进行诗书之旅。

(2)非遗聚集区域。都江堰景区、青城山景区、三苏祠、乐山大佛景区、峨眉山景区、千佛岩景区、瓦屋山。

(3)重点非遗项目。都江堰放水节、望娘滩传说、青城洞经古乐、青城武术、峨眉武术、竹纸制作技艺、洪雅县龙须雅纸制作技艺、向家班狮舞、峨眉席草龙、峨眉山大庙庙会、峨眉山佛教音乐、夹江麻柳堂灯戏、夹江年画、城隍庙庙会等。

九、年画体验之旅

(1)基本特点。依托悠久的年画民俗(绵竹、夹江)深度体验民间吉祥之旅。

(2)非遗聚集区域。绵竹年画村、孝泉古镇、夹江年画研究所。

(3)重点非遗项目。绵竹木版年画、夹江年画。

十、竹艺体验之旅

（1）基本特点。依托传统民间竹艺文化（崇州——青神——夹江——江安）开展以竹传道的中华传统美学体验之旅。

（2）非遗聚集区域。道明镇竹艺村、青神国际竹艺城、夹江马村乡、蜀南竹海。

（3）重点非遗项目。道明竹编、青神竹编、竹纸制作技艺、江安竹簧。

第二节　四川省非物质文化遗产项目体验基地

在2019年第七届非遗节动员部署会暨四川省非遗保护管理干部培训会上，省文化和旅游厅公布了第一批四川省非物质文化遗产项目体验基地。这是省文化和旅游厅继2019年"文化和自然遗产日"前夕公布10条"非遗之旅线路"后，面对新时代、新要求、新任务，为更好贯彻落实省文化和旅游发展大会精神，推进"非遗之旅"创新理念落地实施，促进文化和旅游深度融合发展的又一重要举措。"彝族火把节"入选全国10大非遗与旅游融合发展优秀案例，四川扬琴、道明竹编、峨眉武术3个项目成功入选全国50个优秀保护实践案例，是全国入选数量最多的省份之一，彰显了四川非遗保护成果。凉山州国家级传统工艺工作站首批彝绣、彝族银饰"非遗+扶贫"时尚产品上线唯品会，销售情况良好，夯实了非遗结合国家战略推动脱贫攻坚的根基。这些新成果，都将通过非遗体验基地，得到广泛宣传推广。

这些体验基地遍布全省各地，涵盖了非遗十大类别，经过精心挑选，层层选拔，是四川省特色非遗项目和传承实践、传承成果的典型代表，均具备较为深厚文化氛围，非遗传承工作开展较好，有较好旅游要素配备等特点，可为游客提供丰富多彩非遗项目互动体验，增加游客对四川省非遗技艺和特点的认知与感受，丰富游客的文化体验，增加旅游的文化价值。

第一批四川省非物质文化遗产项目体验基地名单如下：

序号	市州	基地名称	基地地址	非遗体验项目	项目申报单位
1	成都市	成都国际非遗创意产业园非遗体验基地	成都市青羊区文家街道光耀三路188号,成都国际非遗创意产业园	非遗综合性展览展示	成都绿舟文化旅游投资管理有限公司
2		成都蜀锦蜀绣技艺体验基地	青羊区草堂东路18号成都蜀锦织绣博物馆	蜀锦织造技艺、蜀绣	成都蜀锦织绣有限责任公司
3		成都水井坊酿造技艺体验基地	四川省成都市锦江区水井街19号成都水井坊博物馆	水井坊酒传统酿造技艺	四川水井坊股份有限公司
4		成都文殊坊非遗体验基地	成都市青羊区五岳宫街文殊坊文创街区	蜀绣、刘氏竹编、银花丝技艺等	中房集团成都房地产开发有限公司
5		成都琴台路川剧体验基地	成都市青羊区琴台路132号成都市蜀风雅韵文化旅游发展有限公司	川剧	成都市蜀风雅韵文化旅游发展有限公司
6		成都大慈寺社区四川扬琴、四川清音体验基地	成都市锦江区大慈寺路东顺城南街59号	四川扬琴、四川清音	四川省艺术研究院、四川曲艺研究院
7		都江堰青城山青城武术体验基地	都江堰市青城山镇石桥社区7组18号桂溪园	青城武术	青城武术桂溪园(石桥社区)基地
8		都江堰崇义青城武术体验基地	都江堰市崇义镇新马路下街179号青城道君精武馆	青城武术	青城道君精武馆
9		成都郫县豆瓣技艺体验基地	郫都区中国川菜产业园区永安路333号	郫县豆瓣传统制作技艺	四川省郫县豆瓣股份有限公司
10		成都川菜博物馆川菜技艺体验基地	郫都区古城镇荣华北巷8号川菜博物馆	川菜传统烹饪技艺	成都市郫都区古城街道办事处
11		成都古城鸟笼技艺体验基地	郫都区古城街道指路村	古城鸟笼制作技艺	成都市郫都区古城街道办事处
12		成都唐昌郫县豆瓣技艺体验基地	郫都区唐昌镇战旗村乡村十八坊	郫县豆瓣传统制作技艺	成都市郫都区唐昌街道办事处
13		成都唐昌布鞋技艺体验基地	郫都区唐昌镇战旗村乡村十八坊	唐昌布鞋传统制作技艺	成都市郫都区唐昌街道办事处
14		成都邛崃邛陶烧制体验基地	邛崃市文君街道十方村7组邛窑考古遗址公园	邛陶烧制技艺	邛崃市文化馆

续表

15		成都邛崃竹麻号子、古法造纸体验基地	邛崃市平乐古镇邛州园	竹麻号子、平乐古法造纸技艺	邛崃市文化馆
16		成都邛崃瓷胎竹编体验基地	邛崃市平乐镇汉驿路传世竹编陈列馆	瓷胎竹编	邛崃市文化馆
17		崇州崇阳大曲酿制体验基地	崇州市崇阳街道金盆地大道327号、锦江乡余塘村4组	崇阳大曲传统酿制技艺	四川省崇阳酒业有限责任公司
18		崇州元通清明春台会体验基地	成都崇州市元通镇	元通清明春台会	崇州市文化馆
19		崇州道明竹编体验基地	崇州市道明镇龙黄村11组竹艺村	道明竹编	崇州市文化馆
20		崇州观胜川派盆景技艺体验基地	崇州市观胜镇联义村5组严家弯湾川派盆景民俗文化村	川派盆景技艺	崇州市文化馆
21		崇州怀远藤编体验基地	崇州市怀远镇藤艺路261号志辉藤艺博览园	怀远藤编	崇州市文化馆
22		蒲江甘溪明月窑陶瓷技艺体验基地	蒲江县甘溪镇明月村	明月窑陶瓷制作技艺	成都明月乡村旅游专业合作社
23		成都黄龙溪火龙灯舞体验基地	成都市双流区黄龙溪镇演艺中心火龙灯舞非物质文化遗产传习所	黄龙溪火龙灯舞	成都市双流区文化馆
24		成都新繁棕编体验基地	新都区西北村新军街213号巧帆棕编专业合作社	新繁棕编	成都市新都区文化体育和旅游局
25		彭州桂花土陶技艺体验基地	彭州市桂花镇双红村13组桂花龙窑	桂花土陶制作技艺	彭州市文化馆
26		成都漆器工艺厂成都漆艺体验基地	成都市青羊区蜀华街72号成都漆器工艺厂有限责任公司	成都漆艺	成都漆器工艺厂有限责任公司
27		彭州新兴川剧、民俗体验基地	彭州市新兴镇海窝子古街	川剧、端午游百病民俗	彭州市文化馆
28		彭州军乐白瓷技艺体验基地	四川省彭州市军乐镇军屯西街63号彭州白瓷艺术中心	彭州白瓷	成都陶工户文化艺术有限公司
29	自贡市	自贡大安井盐深钻汲制技艺体验基地	自贡市大安区大安街289号	自贡井盐深钻汲制技艺	自贡市燊海旅游开发有限责任公司

30		自贡贡井龚扇竹编技艺体验基地	自贡市贡井区艾叶镇天宫堂24号	制扇技艺（龚扇）	自贡市龚扇竹编工艺厂
31	自贡市	自贡自流井扎染技艺体验基地	四川省自贡市自流井区同兴路芦厂坝3号自贡扎染技艺传习中心	自贡扎染技艺	自贡市扎染工艺有限公司
32		自贡陈家祠堂手工剪纸体验基地	自贡市贡井区和平路顺岩扁33号陈家祠堂剪纸文化体验基地	自贡剪纸	自贡市贡井区文化馆
33	攀枝花市	攀枝花仁和苴却砚雕刻体验基地	攀枝花市仁和区路歇桥中国苴却砚博物馆	苴却砚雕刻技艺	攀枝花市仁和区文化广播电视和旅游局
34		攀枝花新山傈僳族非遗体验基地	攀枝花市米易县新山傈僳族乡新山村	傈僳族织布、刺绣、舞蹈、葫芦笙舞	米易县文化馆
35	泸州市	泸州老窖酒酿制体验基地	泸州市江阳区三星街营沟头	泸州老窖酒酿制技艺	泸州市文化广播电视和旅游局
36		泸州合江先市酱油酿造体验基地	泸州市合江县先市镇	先市酱油酿造技艺	泸州市文化广播电视和旅游局
37		泸州江阳毕六福油纸伞制作体验基地	泸州市江阳区分水岭镇董允坝毕六福油纸伞博物馆与体验馆	油纸伞制作	泸州市文化广播电视和旅游局
38		泸州江阳"泸州河"川剧艺术体验基地	泸州市江阳区下大河街70号	"泸州河"川剧	泸州市文化广播电视和旅游局
39		泸州江阳王氏祖传正骨医技体验基地	泸州市江阳区星光路13号	王氏祖传正骨医技	泸州市文化广播电视和旅游局
40		泸州婴儿米粉技艺体验基地	泸州市龙马潭区鱼塘镇瓦房村黄泥社	泸州肥儿粉传统技艺制作技艺	泸州市文化广播电视和旅游局
41		泸州纳溪民歌体验基地	泸州市纳溪区乐道古镇川南民歌第一村	纳溪民歌	泸州市文化广播电视和旅游局
42		泸州纳溪蝴蝶画制作体验基地	泸州市纳溪区永宁街道打渔山社区蝴蝶画传习所	蝴蝶画制作技艺	泸州市文化广播电视和旅游局

续表

43		泸州合江黄粑技艺体验基地	泸州市合江县尧坝镇	周姚黄粑传统制作技艺	泸州市文化广播电视和旅游局
44		泸州两河吊洞砂锅技艺体验基地	叙永县两河镇天生桥村	两河吊洞砂锅传统制作技艺	泸州市文化广播电视和旅游局
45		泸州方洞雨坛彩龙体验基地	泸州市方洞镇屈氏庄园	雨坛彩龙	泸州市文化广播电视和旅游局
46		泸州石桥玄滩狮舞体验基地	泸州市石桥镇吉祥村	玄滩狮舞	泸州市文化广播电视和旅游局
47		泸州古蔺花灯体验基地	古蔺县古蔺镇胜蔺街275号	古蔺花灯	泸州市文化广播电视和旅游局
48		泸州古蔺苗族非遗体验基地	古蔺县箭竹苗族乡大黑洞景区	苗族歌舞、苗族文化	泸州市文化广播电视和旅游局
49	德阳市	绵竹年画博物馆绵竹木版年画体验基地	绵竹市剑南镇回澜大道252号绵竹年画博物馆	绵竹木版年画	绵竹年画博物馆
50		绵竹耕读园绵竹木版年画体验基地	绵竹市西南镇金隆村耕读园	绵竹木版年画	四川四汇斋年画有限公司
51		绵竹年画展示馆绵竹木版年画体验基地	绵竹市孝德镇年画村19组(绵竹年画展示馆)	绵竹木版年画	绵竹轩辕年画有限责任公司
52		绵竹三彩画坊绵竹木版年画体验基地	绵竹市孝德镇年画村三彩画坊绵竹市剑南镇三彩画坊	绵竹木版年画	绵竹市剑南镇三彩画坊
53		绵竹汉旺木版年画体验基地	绵竹市汉旺镇群新村二组绵竹陶版文化传播有限公司	绵竹木版年画	绵竹陶版文化传播有限公司
54	绵阳市	绵阳天青苑川剧体验基地	四川省绵阳市涪城区铁牛街10号天青苑川剧团川剧传习展示基地	川剧	四川省艺术研究院
55		绵阳平武藏羌文化体验基地	平武县龙安镇汇口新区藏羌民俗文化广场	平武套枣制作工艺	平武县龙洲珍禽王旅游服务有限责任公司
56		绵阳平武羌绣体验基地	平武县平通镇牛飞村走马羌寨	羌绣	平武县文化馆
57		绵阳北川羌文化体验基地	北川新县城北川羌族民俗博物馆	羌年禹的传说	北川羌族自治县文化广播电视和旅游局

58		绵阳北川羌族婚俗体验基地	北川桂溪镇九皇山	羌族婚俗	北川羌族自治县文化广播电视和旅游局
59		绵阳北川羌笛、口弦体验基地	北川曲山镇石椅羌寨	羌笛、口弦	北川羌族自治县文化广播电视和旅游局
60	广元市	广元利州白花石刻体验基地	广元市利州区上西河湾路10号（皇泽寺旁）	白花石刻	广元市利州区文化馆
61		广元苍溪唤马剪纸体验基地	广元市苍溪县唤马镇金华社区	唤马剪纸	广元市苍溪县唤马镇人民政府
62		广元剑阁羊岭布艺童帽技艺体验基地	广元市剑阁县下寺镇剑门驿站街29	羊岭传统布艺童帽制作技艺	广元市剑阁县文化馆
63	遂宁市	遂宁船山观音绣体验基地	遂宁市船山区西山北路611号附3号	蜀绣（观音绣）	遂宁市妙善文化艺术坊
64	内江市	内江夏布编织体验基地	内江市市中区汉安大道幸福村7组夏月布依	夏布手工编织	四川夏月文化传播有限公司
65		内江资中中型杖头木偶戏体验基地	内江市资中县重龙阵衣铺街33号木偶剧团	中型杖头木偶戏	资中木偶剧团
66		内江资中盘破门武术体验基地	资中县重龙镇武庙广场	盘破门武术	资中县武术协会
67	乐山市	乐山夹江状元纸厂竹纸技艺体验基地	乐山市夹江县马村乡金华村七社状元书画纸厂	竹纸制作技艺	状元书画纸厂
68		乐山夹江大千纸坊竹纸技艺体验基地	乐山市夹江县马村乡石堰村2队石子清纸坊	竹纸制作技艺	夹江县马村石子清纸坊
69		乐山夹江木版年画体验基地	四川省乐山市夹江县同兴巷55号年画研究所	夹江年画	夹江县年画研究所
70		乐山峨眉武术体验基地	峨眉山市东新路50号武术运动管理中心	峨眉武术	峨眉山市文化体育和旅游局
71		乐山沐川草龙技艺体验基地	沐川县沐卷路248号农耕博物馆	沐川草龙	沐川县文化馆

续表

72		乐山犍为罗城麒麟灯技艺体验基地	犍为县罗城镇	罗城麒麟灯	犍为县文体旅游局
73		峨边大堡甘嫫阿妞传说体验基地	峨边彝族自治县大堡镇九家村甘嫫阿妞文化馆	甘嫫阿妞的传说	峨边彝族自治县文化馆
74	南充市	南充阆中皮影体验基地	四川省阆中市大东街96号（阆中古城内）王皮影博物馆	皮影制作、表演、互动体验	四川川北皮影艺术团
75		宜宾五粮液酿造体验基地	四川省宜宾市翠屏区岷江西路150号	五粮液酒传统酿造技艺	四川省宜宾五粮液集团有限公司
76		宜宾江安竹簧技艺体验基地	四川省宜宾市江安县江安镇竹都大道318号江安竹簧工艺陈列馆	江安竹簧	江安县文化广播电视和旅游局
77		宜宾兴文大坝高装体验基地	兴文县大坝苗族乡	大坝高装	兴文县文化广播电视和旅游局
78	宜宾市	宜宾珙县巡场农耕文化体验基地	四川省宜宾市珙县巡场镇明生路65号珙县农耕文化传习馆	苗族蜡染技艺 珙石雕 珙县麦秆画 苗族刺绣	珙县文化馆
79		宜宾思坡醋酿造体验基地	宜宾市翠屏区思坡镇大顺街101号	思坡醋传统酿造技艺	四川省宜宾市思坡醋业有限责任公司
80		宜宾天府龙芽技艺体验基地	宜宾市翠屏区金秋湖川茶文化产业园区	叙府龙芽茶传统制茶技艺	四川省茶业集团股份有限公司
81		宜宾川红工夫红茶技艺体验基地	宜宾翠屏区地标广场川红非遗馆	"川红工夫"红茶制作技艺	宜宾川红茶业集团有限公司
82		广安武胜剪纸体验基地	武胜县白坪—飞龙乡村旅游度假区剪纸大院	武胜剪纸	武胜县文化广播电视和旅游局
83	广安市	广安邻水手掌木偶戏体验基地	邻水县鼎屏镇	手掌木偶戏	邻水县文化馆
84		广安华蓥山滑竿抬幺妹体验基地	华蓥山旅游区	华蓥山滑竿抬幺妹	华蓥市文化馆
85		广安岳池灯戏体验基地	九龙镇会府街2号	岳池灯戏	岳池县文化广播电视和旅游局

86	达州市	达州龙泉川东土家族薅草锣鼓体验基地	宣汉县龙泉土家族乡鸡唱街道、黄连村街道	川东土家族薅草锣鼓及巴人民俗	宣汉县文化馆
87		达州渠县刘氏竹编技艺体验基地	渠县渠江镇渠光路651号	渠县刘氏竹编工艺	四川刘氏竹编工艺有限公司
88		达州宣汉土家余门拳体验基地	宣汉县天台乡街道土家余门拳传习所	土家余门拳及民俗陈列馆	宣汉县文化馆
89		达州大竹东柳醪糟酿造体验基地	四川省大竹县月华镇新街168号	东柳醪糟酿造技艺	大竹县文化馆
90		达州安仁板凳龙体验基地	达川区安仁乡文广站	安仁板凳龙	达川区文化馆
91		达州开江水族闹春体验基地	开江县普安镇文化站	水族闹春	开江县文化馆
92		达州开江薅秧歌体验基地	开江县普安镇谭家嘴村	薅秧歌	开江县文化馆
93		达州开江拗棒体验基地	开江县新宁镇文化站	拗棒	开江县文化馆
94		达州巴渠童谣体验基地	磐石都市农业体验区	巴渠童谣	通川区文化馆
95		达州万源钱棍体验基地	万源市文化馆	钱棍	万源市文化馆
96	巴中市	巴中皮影戏体验基地	巴州区东城街225号巴州区文化馆	巴中皮影戏	巴州区文化馆
97		巴中巴州曲艺体验基地	巴州区东城街225号巴州区文化馆	巴州曲艺	巴州区文化馆
98		巴中巴渠河川剧体验基地	巴中市巴州区文庙街11号川剧艺术保护传承中心	巴渠河川剧	巴中市巴州区川剧艺术保护传承中心
99		巴中恩阳川北灯戏体验基地	恩阳古镇北入口万寿宫	川北灯戏	巴中市恩阳区非物质文化遗产保护中心
100		巴中南江民歌体验基地	流坝镇、杨坝镇	民歌	南江县文化馆
101		巴中南江集州欢歌民俗体验基地	南江县县城仿古街戏楼	民俗展演	南江县文化馆
102		巴中南江爨坛戏体验基地	南江县流坝乡梅岭村	爨坛戏	南江县文化馆

续表

103		巴中通江巴山剪纸体验基地	通江县诺江镇诺水云天A10-5号	巴山剪纸	通江县文化馆
104		巴中通江银耳生产体验基地	陈河雾露溪、临江梓潼村	通江银耳传统生产技艺	通江县文化馆
105		巴中平昌翻山铰子体验基地	平昌县西兴镇皇家山景区翻山铰子文化园	翻山铰子	平昌县文化馆
106		巴中平昌白衣全鱼宴体验基地	平昌县白衣古镇	全鱼宴	平昌县文化馆
107	雅安市	雅安荥经砂器烧制体验基地	雅安市荥经县六合乡古城村	荥经砂器烧制技艺	荥经县非遗保护中心
108		雅安藏茶技艺体验基地	雅安市雨城区大兴镇国家农业科技园区1号雅安茶厂股份有限公司	南路边茶（雅安藏茶）制作技艺	雅安市非遗保护中心
109		雅安芦山刘氏木雕技艺体验基地	四川省雅安市芦山县芦阳镇樊敏路104号大自然根艺厂	刘氏木雕	芦山县文化馆
110		雅安蒙顶山蒙山茶技艺体验基地	雅安市名山区蒙顶山大道560号跃华茶文化体验馆	蒙山茶传统制作技艺	雅安市名山区非遗保护中心
111	眉山市	眉山青神竹编体验基地	青神县南城镇竹艺街3号中国竹艺城	竹编—青神竹编	四川省青神县云华竹旅有限公司
112		眉山东坡泡菜体验基地	东坡区泡菜城大道1号	东坡泡菜制作技艺	四川老坛子食品有限公司
113		眉山洪雅幺麻子藤椒油技艺体验基地	洪雅县藤椒文化博物馆	幺麻子藤椒油闷制技艺	洪雅县幺麻子食品有限公司
114		眉山巧巧赵氏核桃糕技艺体验基地	东坡区万盛镇茂华大道8号	巧巧赵氏核桃糕制作技艺	四川茂华食品有限公司
115		眉山仁寿陶艺体验基地	仁寿县天鹅镇三坛村4组	仁寿陶艺	仁寿县聚艺彩陶厂
116	资阳市	资阳石岭两节山老酒酿造体验基地	资阳市雁江区石岭镇红雀村二组66号	两节山老酒传统酿造技艺	四川两节山酒业有限公司
117		资阳临江寺豆瓣技艺体验基地	资阳市雁江区临江镇	临江寺豆瓣传统工艺	四川省资阳市临江寺豆瓣有限公司

续表

118	资阳东峰剪纸体验基地	资阳市雁江区东峰镇初级中学	东峰剪纸	资阳市雁江区东峰镇初级中学
119	资阳安岳竹编体验基地	安岳李家镇初级中学	安岳竹编	安岳县文化广播电视和旅游局
120	资阳安岳武台演战高狮体验基地	安岳县拱桥乡向水村	安岳武台演战高狮	安岳县文化馆
121	资阳乐至川剧体验基地	乐至县天池镇	乐至川剧	乐至县文化艺术中心
122	资阳安岳石刻体验基地	安岳石刻·园觉洞国家AAAA级旅游景区	石雕（安岳石刻）	安岳县文化馆
123	阿坝马尔康嘉绒唐卡体验基地	马尔康市卓克基镇西索一队索朗唐卡创作室	嘉绒传统唐卡	马尔康市文化体育旅游局
124	阿坝州马尔康慈愿藏香技艺体验基地	马尔康市马尔康镇英波洛村	慈愿藏香传统制作工艺	阿坝州慈愿民族传统文化有限责任公司
125	阿坝金川嘉绒藏族锅庄体验基地	金川县沙耳乡沙耳尼村文化旅游活动中心	马奈锅庄，愣琼格锅庄，哈玛舞	金川县文化体育和旅游局
126	阿坝小金山会体验基地	小金县四姑娘山镇朝山坪	朝山会朝山仪式	小金县文化体育和旅游局
127	阿坝特果唐卡体验基地	阿坝县洽唐街三巷12号	唐卡绘画	阿坝县文化馆
128	阿坝红原马术体验基地	红原县赛马场	骑马、马术表演	红原县文化体育和旅游局
129	阿坝壤塘壤巴拉非遗体验基地	壤塘县中壤塘镇壤巴拉非遗传习所	觉囊梵音、觉囊唐卡、藏式陶艺、藏香、藏茶、石刻、雕刻	壤塘县文化体育和旅游局
130	阿坝汶川羌年体验基地	汶川县龙溪乡联合村东门口	羊皮鼓舞、羌年、羌绣	汶川县文化馆
131	阿坝汶川西部边茶体验基地	汶川县映秀镇汶川映秀人民茶业	西路边茶	汶川县文化馆
132	阿坝茂县中国古羌城羌民俗体验基地	茂县西羌大道	瓦尔俄足	茂县文化体育和旅游局
133	阿坝理县博巴森根体验基地	理县甘堡藏寨	博巴森根	理县文化体育和旅游局

（阿坝州行覆盖123-133行）

续表

134	阿坝理县桃坪羌寨羌民俗体验基地	理县桃坪羌寨	羌年、羌绣、花儿纳吉、羊皮鼓舞、碉楼建筑技艺	理县文化体育和旅游局
135	阿坝象藏唐卡体验基地	松潘县山巴乡麻依村	唐卡绘画艺术（勉唐派）	松潘县文化馆
136	阿坝九寨沟白马风情体验基地	勿角乡阳山村、英各村白马风情园	㑇舞、登嘎甘㑇（熊猫舞）、白马藏族酒曲子	九寨沟县文化馆
137	阿坝九寨沟南坪曲子体验基地	永丰乡菜园村、下寨村	南坪曲子	九寨沟县文化馆
138	藏羌织绣体验基地	邛崃市文君街道十方村7组邛窑遗址公园	藏族编织挑花刺绣、羌绣	阿坝州藏族编织挑花刺绣协会
139	甘孜白玉河坡金属锻造技艺体验基地	白玉县河坡乡普马村	手工艺品制作体验	白玉县文化广播电视和旅游局
140	甘孜康定南派藏医药藏药浴体验基地	康定市炉城南路41号；康定市溜溜城内	藏药浴、藏医药保健产品	甘孜藏族自治州藏医院
141	甘孜德格麦宿片区民族手工艺体验基地	甘孜州德格县达玛镇	传统手工艺	德格县文化广播电视和旅游局
142	凉山西昌邛都洞经古乐体验基地	西昌市大通楼	游古城听洞经古乐	西昌市文化馆
143	凉山西昌古夷彝秀彝族服饰体验基地	凉山州西昌市火把广场阿惹妞艺术街区	彝族服饰制作	凉山古夷彝秀
144	凉山会东彝族服饰体验基地	会东县野租乡柏栎菁乡	彝族服饰制作、佩戴、歌舞	会东县文化馆
145	凉山会东傈僳族嘎且且撒勒舞体验基地	会东县铁柳镇	傈僳族嘎且且撒勒舞	会东县文化馆
146	凉山越西彝族尝新米节体验基地	越西县普雄镇且拖村	彝族尝新米节	越西县文化馆
147	凉山金阳什拉罗习俗体验基地	金阳县热柯觉乡丙乙底村	什拉罗习俗	金阳县文化广播电视和旅游局

甘孜州 (rows 139-141)，凉山州 (rows 142-147)

148	凉山美姑彝族剪羊毛习俗体验基地	美姑县井叶硕洛	彝族剪羊毛习俗	美姑县文化广播电视和旅游局
149	凉山普格螺髻山彝族火把节体验基地	普格县螺髻山镇螺髻山彝寨	朵乐荷、月琴音乐、口弦、阿都高腔	普格县文化广播电视和旅游局
150	凉山盐源泸沽湖摩梭民俗体验基地	泸沽湖传习所、文化广场	摩梭人服饰、母系氏族习俗、成丁礼、达巴习俗、啊哈巴拉调-甲搓-转山转海节、依善节	凉山州盐源县文化馆
151	凉山会理绿陶体验基地	凉山州会理县城北街道毛溪村3组	会理绿陶	会理县绿釉陶瓷研究所
152	四川省西昌贾佳彝族服饰体验基地	西昌市月海路1段78号贾佳彝族服饰	彝族服饰	凉山州贾佳彝族服饰生产有限公司

第三节 文化和自然遗产日

文化和自然遗产日源自文化遗产日,是每年6月的第二个星期六,为中国文化建设重要主题之一,体现了党和国家对保护文化遗产的高度重视和战略远见。目的是营造保护文化遗产的良好氛围,提高人民群众对文化遗产保护重要性的认识,动员全社会共同参与、关注和保护文化遗产,增强全社会的文化遗产保护意识。

早在20世纪90年代,一直关注文化遗产保护的冯骥才就提出:希望中国也像欧洲一些国家那样,确定一个"文化遗产日"。而在2004年和2005年的两会上,冯骥才又提出这一建议,并提交了《关于建议国家设立文化遗产日的提案》。2005年7月,郑孝燮等11名专家学者联名致信党中央、国务院领导同志,倡议中国设立"文化遗产日"。2005年12月,国务院决定从2006年起,每年6月的第二个星期六为中国的"文化遗产日",这充分体现了党和国家对保护文化遗产的高度重视和战略远见,有助于提高人民群众对文化遗产保护重要性的认识,增强全社会的文化遗产保护意识。2016年9月,国务院批复住房城乡建设部,同意自2017年起,将每年6月第二个星期六的"文化遗产日",调整设立为"文化和自然遗产日"。从2009年国家文物局创设主场城市活动机制以来,每年的文化遗产日国家文物局都选取一座城市举办文化遗产日主场城市活动。

四川省2019年文化和自然遗产日期间开展一系列非遗宣传展示活动。据不完全统计,2019年"文化和自然遗产日"期间,四川省举办了100余场非遗宣传展示活动,项目涵盖非遗民间文学、传统音乐、传统舞蹈、传统戏剧、曲艺、传统体育游艺与杂技、传统美术、传统技艺、传统医药、民俗等十大门类,内容丰富,形式多样,特色鲜明。

2019年6月7日、8日晚,成都锦城艺术宫举行了2019年文化和自然遗产日四川省非遗宣传展示主场活动——民族歌舞展演。此项活动由四川省文化和旅游厅主办,向广大观众奉献了一台以传统音乐、传统舞蹈为素材,全新创作编排的大型民族歌舞《传承·创新》。6月3日至9日,成都伊藤广场举办了2019年文化和自然遗产日四川省非遗宣传展示主场活动之非遗展览活动。此项展览由四川省文化和旅游厅主办,由四川文化创意研究院承办,向市民奉献一台"巴蜀工坊·传统工艺与现代设计精品展",展示了非遗传统工艺精品和精湛的技艺以及面向现代生活的创新实践成果。此外,四川省文化和旅游厅还组织了"羌年"等联合国非遗项目参加6月上旬在广州市举办的"2019年文化和自然遗产日"全国非遗宣传展示主场活动,宣传展示四川非遗保护成果和独特魅力。2019年"文化和自然遗产日"期间,适逢传统节日端午节,赛龙舟、做香包、包粽子等各具特色的端午习俗活动。四川省文化和旅游厅还发布了2019"百舟竞渡迎端午"集中展演活动情况。该活动于6月3日—5日在眉山市青神县举办,活动内容由3+1模块构成。即:文艺演出暨启动仪式、龙舟展演和端午民俗展示三项主体活动,以及"活力青神"四川摄影大赛暨中岩端午文化体验研学游活动。此次活动是四川省首次开展的传统节日传统群众文化的集中展演展示,是各地端午传统文明的一次交流对话。从内容上看,既有包粽子、祈福香包、非遗展示等传统端午文化活动,还有研学游、特色美食、文旅商品展示展销等旅游活动,文化和旅游元素有效融入,充分体现了"宜融则融,能融尽融,以文促旅,以旅彰文"的文化旅游融合活动理念。

除攀枝花、甘孜、阿坝以外有18个市州的18支龙舟队报名参加龙舟展演,队员达500余人;组织四川省10个优秀群众文艺节目参加演出;筛选出40余项与端午文化相关联的非遗项目参加端午民俗展示活动;收到摄影作品310余幅(组)参加"活力青神"四川摄影大赛活动。对于爱逛文博类景区景点的人们来说,2019年"文化和自然遗产日"享受到了更多的福利。

四川2019年开展讲座、展览、论坛、鉴赏、汇演、革命文物宣传进社区、进校园等118项活动。其中,四川省2019年"文化和自然遗产日"文博活动主会场活动在宝兴县红军长征翻越夹金山纪念广场举行。作为红军长征过雪山草地的起点,宝兴县革命历史文化厚重,留存有丰富的长征文物,是国家红军长征文化公园建设的重要节点。此次活动紧紧围绕"红军长征",期间举办了主场活动开幕式暨"重走长征路、翻越夹金山"穿越活动授旗仪式、红军长征在四川主题展、长征文化线路宝兴段节点形象系列宣传和四川博物院流动博物馆走进宝兴等系列活动。活动还包括革命歌曲串烧快闪、"重走长征路、翻越夹金山"万人签名,也有《红军长征在四川》《从大渡河到夹金山》、省博流动博物馆走进宝兴等展览,还有"重走长征路、翻越夹金山"宝兴红色旅游线路开发、长征文化线路宝兴段节点形象系列宣传等文旅融合活动。

第四节　中国成都国际非物质文化遗产节

中国成都国际非物质文化遗产节是继中国北京国际音乐节、中国上海国际艺术节、中国吴桥国际杂技节后,国务院正式批准的第四个国家级国际性文化节会活动品牌,是国际社会首个以推动人类非物质文化遗产保护事业为宗旨的大型文化节会活动。

"非遗节"定点四川省成都市,每两年举办一届。首届"非遗节"于2007年5月23日至6月10日举行,至今已成功举办三届。从第二届开始,"非遗节"在每年6月的第二周的星期一开幕,星期日闭幕(每年6月第二周的星期六是全国法定的"文化遗产日")。从第二届"非遗节"开始,联合国教科文组织参与主办。

　　主办地非物质文化遗产主题公园选址成都市金牛区两河城市森林。两河城市森林是成都市和金牛区两级政府为改善城市生态环境、推进城乡一体化而共同打造的重点项目之一,总面积444公顷。国家公园将分三期建成,一期工程(国家公园核心区)占地1400亩。目前,已建成1个110000平方米的风情小镇、1个4000平方米的艺术馆和1个3000平方米的运营中心;60000平方米的海外风情小镇和5000平方米的文化广场在建。非物质文化遗产主题公园项目建设,按照"传承历史文脉、保护文化遗产、融入生活方式、守望精神家园"的要求,坚持"与生态保护相结合、与产业化相结合、与市场化相结合",形成文化内涵丰富、生态环境优美、人文与自然交相辉映的主题公园,并将努力打造成为中国非物质文化遗产保护基地、全国文化产业示范基地、全国AAAA级文化旅游景区、青少年爱国主义教育基地。

　　2007年5月23日—6月9日,首届"中国成都国际非物质文化遗产节"以节庆的形式,打破时空限制,集中展示了我国和世界非物质文化遗产宝库中的精华。主要内容包括:举办具有互动性、参与性的国际原生态民歌、民乐、民间舞蹈和民间绝技、绝活以及特色文化展演活动;开展国际民间民俗文化巡演;举办"中国成都国际非物质文化遗产论坛";开展首届"中国成都国际非物质文化遗产节"舞台精品会演活动;举办首届"中国成都国际非物质文化遗产节"大观园活动;集中展示民间文学、美术、手工技艺等非物质文化遗产项目。中国成都国际非物质文化遗产节(以下简称:非遗节)创办于2007年,2009年8月,经过成功举办两届和积极争取,文化部复函同意非遗节定点成都,每两年举办一届。2014年清理节庆庆典活动时,党中央国务院批准非遗节继续举办。非遗节是联合国教科文组织主办的国际社会唯一以推动人类非遗传承为宗旨的主题国际文化节会,是我国唯一由联合国教科文组织持续参与主办的国家级国际文化品牌节会,由文化和旅游部、四川省人民政府、联合国教科文组织、中国联合国教科文组织全国委员会主办,成都市人民政府、四川省文化和旅游厅、中国非物质文化遗产保护中心、联合国教科文组织亚太地区非物质文化遗产国际培训中心承办。非遗节迄今已成功举办了六届。活动累计开展2000余场,有8000多个非遗项目参展,500余支表演队伍参演,140多个国家(地区)和非政府组织的4000余名代表和国内4万多名代表参加,2000多万市民和游客现场参与,已成为国际社会广泛认可并积极参与、宣传展示人类文化多样性、交流互鉴非遗保护经验、扩大中华文化国际影响力的重要国际文化盛会。

以"传承多彩文化 创享美好生活"为主题,2019四川非遗节举办了非遗节开幕式暨演出、非遗国际论坛、国际非遗博览园主会场活动和分会场及配套活动四大板块活动,邀请来自全球近100个国家的嘉宾及传承人开展国际论坛、非遗展演、非遗大展、非遗竞技等丰富多彩的交流互鉴活动。

国际非遗博览园主会场活动通过国际大展、传统艺术表演、传统技艺展示和竞技、非遗产品展销、非遗乡村美食节、非遗项目推介会、非遗时尚嘉年华、非遗项目洽谈等活动,集中展示国内外丰富多彩的非遗项目。主题分会场及配套活动开展四川10个市(州)主题分会场和成都18个区(市)县主题分会场、200余场非遗社区实践、道明国际竹文化节、非遗专题联展等活动。

下面将节选2019四川成都国际非物质文化遗产节的部分精彩活动安排。

一、第七届中国成都国际非物质文化遗产节开幕式

时间:2019年10月17日上午

地点:成都国际非遗博览园主舞台(世纪舞广场)

二、开幕演出

时间:2019年10月17日上午

地点:成都国际非遗博览园主舞台(世纪舞广场)

国际论坛

第七届非遗节国际论坛包括国际论坛开幕式、"非遗传承与旅游发展"国际论坛、非遗活态传承与城市生活美学论坛、亚太中心非物质文化遗产保护能力建设培训等重要活动。

一、"非遗传承与旅游发展"国际论坛

时间:10月17日14:00—17:30

地点:锦江宾馆四川厅

内容:围绕"有一种生活美学叫成都——文旅融合非遗场景"的议题,各国

嘉宾交流非遗传承经验,聚焦成都建设世界旅游名城,探讨将活化的非遗传承有机植入文化和旅游融合场景,丰富文化旅游内涵和体验的实践路径。

二、非遗活态传承与城市生活美学论坛

时间:10月18日—19日

地点:锦江宾馆A、B厅、四季厅

内容:以"非遗走进现代生活"为主题,邀请专家学者举办5个主题演讲和论坛活动,多角度探索非遗传承创新发展路径。

三、亚太中心非物质文化遗产保护能力建设培训

时间:10月16日—20日

地点:锦江宾馆鸿宾厅

内容:加深老学员对《保护非物质文化遗产公约》的理解,通报《保护非物质文化遗产公约》相关的新动态、新内容。

国际展览

一、非遗传承助力脱贫攻坚和乡村振兴主题展

展览时间:2019年10月17日—22日

展览地点:成都国际非遗博览园五洲情酒店一楼展厅

展览内容:该展览将全面展现近年来非遗传承助力脱贫攻坚和乡村振兴的多种路径和实践成果。

二、国际传统手工艺展

展览时间:2019年10月17日—22日

展览地点:成都国际非遗博览园东展厅一楼中华食苑区域

展览内容:紧扣"传承多彩文化 创享美好生活"这一主题,坚持"见人见物见生活"的理念,展示36个国家的89个非遗项目。

三、中国成都非遗创意设计作品授权展

展览时间:2019年10月17日—22日

展览地点:成都国际非遗博览园五洲情酒店一楼走廊

展览内容:本次展览采用"天府非遗+"和"非遗跨界创新融合模式",让非

遗传承人牵手艺术家、设计师、品牌机构、青年群体,挖掘非遗授权资源,衍生开发非遗国货潮品。

四、"美食之都"乡村美食节

展览时间:2019年10月17日—22日

展览地点:时空旅广场

展览内容:该展览通过展示展销美食制作的技艺流程和美食竞技,体现美食文化的深厚内涵和独特魅力,并设置部分体验活动让观众更直观地感受技艺。

五、跨越千年的相遇——非遗动漫沉浸体验展

展览时间:2019年10月17日—22日

展览地点:成都国际非遗博览园世纪舞广场601

展览内容:以"跨越千年的相遇——非遗动漫沉浸体验展"为主题,展区设置六大分区。

六、百年匠心·非遗多彩——经典车第一印记展

展览时间:2019年10月17日—22日

展览地点:成都国际非遗博览园非遗大道、世纪舞广场601

展览内容:以"百年匠心·多彩非遗——经典车第一印记展"为主题,展示横跨近百年历史,极具第一代表性及时代意义的经典车展。

国际展演

国际展演主要包括:开幕演出、五洲风情荟天府时空旅演出、十大天府旅游名县主题日演出。

一、五洲风情荟天府主题演出

演出地点:时空旅广场

每天国内表演队伍与国外表演队伍轮流演出。

二、十大天府旅游名县主题日演出

演出地点:世纪舞广场

非遗之旅

活动名称：全国"非遗之旅"启动仪式暨成都"非遗之旅"线路产品推荐会

活动时间：2019年10月18日13：30—15：00

活动地点：成都国际非遗博览园五洲情酒店

国际竞技

一、中国民族乐器传统技艺竞技

活动时间：2019年10月17日—20日

活动地点：成都国际非遗博览园世纪舞广场东展厅

活动概述：分为传统乐器展演、核心技艺竞技活动和传承互动活动三个版块。

二、道明国际竹文化节

1.国际竹编竞技

比赛时间：2019年10月19日

比赛地点：崇州市道明镇竹艺村第五空间广场

参赛人员：包括国内省级以下竹编传承人和国外竹编传承人

2."天府小匠人"（竹编）竞技活动（复赛）

比赛时间：2019年10月19日14：00—16：30

比赛地点：崇州市道明镇竹艺村第五空间广场

参赛人员：成都市各中学在校的学生

3.国际竹编创意设计作品展

展览时间：2019年10月18日—10月21日

（1）国际竹编创意设计新作品展

展览地点：竹编艺术坊

（2）竹生态环境创新作品展

展览地点：丁知竹草坪、竹艺村中央菜田、竹里菜田等露天展场

4.国际竹文化论坛

论坛时间：2019年10月20日（全天）

论坛地点：崇州市华川天府良仓

三、川派盆景竞技暨精品展

活动主题：弘扬中华盆景艺术、展示川派盆景成果

活动时间：2019年10月17日—10月22日

活动地点：成都国际非遗博览园欢歌路北段

活动内容：川派盆景传承人竞技展示、川派盆景代表性传承人代表性盆景作品展、川派盆景发展论坛。

四、天府小匠人·成都非遗小小传承人竞技活动

活动时间：2019年10月20日下午、21日全天

活动地点：成都国际非遗博览园博览中心一层大堂

活动内容：以挖掘"天府非遗小匠人"为核心，在非遗节期间开展"天府小匠人·成都非遗小小传承人"竞赛活动。

主题分会场及配套活动

分会场及配套活动是本届非遗节的新亮点，28个主题分会场的规模为历届之最。本届非遗节，绵阳市、宜宾市、甘孜州、阿坝州、凉山州等10个市州和成都18个区（市）县主题分会场在当地政府所在地举办主题分会场活动。此外，本届非遗节除主会场和各大分会场活动之外，全市各大博物馆也进行联动，开展丰富多样的配套活动，全力打造"艺术的盛会、人民的节日"。

配套活动主要有：

一、"巧手夺天工——传统工艺的现代新生"展

活动时间：2019年9月27日—11月20日

活动地点：成都博物馆

二、第四届印道·中国篆刻艺术双年展

活动时间：2019年10月17日—22日

活动地点：杜甫草堂博物馆

三、"纸的对话——丹麦@金沙"特别展览

活动时间：2019年10月25日—11月25日

活动地点：金沙遗址博物馆

非遗博览园其他活动

一、非遗跨界融合系列活动——非遗创意沙龙活动

活动时间：2019年10月18日上午10：00

活动地点：成都国际非遗博览园五洲情会展中心一层大堂

活动内容：以"洞见新非遗·传承新活力"为主题，围绕非遗原创品牌、非遗跨界赋能、非遗区域化发展三个维度设置主题发言、圆桌讨论环节，并举行成都国际非遗商会及智慧非遗项目发布。

二、非遗跨界融合系列活动——FUNNY ICH嘉年华

活动时间：2019年10月17日—22日

活动地点：成都国际非遗博览园西城事、世纪舞广场601等区域

主要内容：既展示"千年蜀都·文博青羊"的历史文化特质，又展示博览园的现代魅力。

三、汇聚非遗匠心精神——601非遗文创市集

活动时间：2019年10月17日—22日

活动地点：成都国际非遗博览园世纪舞广场601公共区域

活动内容：将举办非遗文创市集活动，汇聚"新鲜、潮流"的创意物件，包含时尚设计、手工作品、工艺礼品、家居用品、日用装饰等。

推荐活动

一、动漫让非遗活起来—非遗动漫展

时间：9月—10月

地点：成都国际非遗博览园和武侯祠博物馆

二、潮流艺术—非遗品牌快闪

时间：10月19日—20日

地点：成都国际非遗博览园和远洋太古里

三、百年匠心传承—老爷车文化特展

时间：10月17日—22日

地点：成都国际非遗博览园知农路

四、狂欢的马戏盛宴—第一届成都国际电音马戏节

时间：10月17日—20日

地点：成都国际非遗博览园西城事广场

第三章 四川经典非物质文化遗产的传承

　　随着现代化进程的加快,传统的岁时节庆活动、社会生活仪礼规范等民俗形式,逐渐不被人们重视。比如嘉陵江号子因行船捕鱼的农民大量流入城镇,嘉陵江上很难听到动人心魄的船工号子声了。"非遗"是我们的精神家园,要守护好这块家园就必须提高民众的文化自觉,即提高全民对"非遗"的重要性认识,增强保护意识。通过提高民众的文化自觉,启发大家的责任意识,引起大家对"非遗"保护的密切关注,增强对中华传统文化的认同感,真正让"非遗"保护工作走进千家万户。我们要从对国家和历史负责的高度,从维护国家文化安全的高度,充分认识保护"非遗"的重要性。

　　为了进一步增强全社会保护"非遗"的自觉性,提高人们对于"非遗"及其保护的认识,应该对丰富多彩的"非遗"进行科学、合理的保护。

　　加大宣传力度,提高公众认识。针对人们对"非遗"不了解、对保护"非遗"认识不足的实际情况,必须加大宣传力度,提高公众认识,让全社会都来关心和保护"非遗"。"非遗"发源于人们的劳动和日常生活之中,世代传承,并在流传的过程中不断完善和升华,既是历史发展的见证,又是珍贵的、具有重要价值的文化资源,凝结、保留和传递着一个民族的历史记忆、情感、经验和智慧,成为民族文化认同的基础。其以独特的方式潜移默化地影响着人们的思想观念,对中华民族凝聚力的形成、对中华文明的延续,起着重要作用。因此保护和弘扬我国的"非遗",既是增强民族自信心、自豪感,增强民族认同感、归属感,促进经济、社会、文化的全面协调发展,构建社会主义和谐社会的需要;也是维护世界文化多样性的需要;更是国际社会文化对话和人类社会可持续发展的必然要求。

　　全面普查,科学认定,建立名录体系,实施灵活保护机制。首先对全省"非遗"项目进行普查,建立起国家、省、市、县四级"非遗"名录体系,按照"保护为主、抢救第一、合理利用、传承发展"的指导方针,以"非遗"项目和传承人为核心,最终建立起科学而有效的"非遗"保护和传承机制。同时要明确,四川"非遗"种类繁多,情况千差万别,实施保护工作一定要具体问题具体分析,要根据各类"非遗"面临的实际困难采取有针对性的措施,形成灵活保护机制。比如,随着现代化进程的加快,伴生于农业文化的许多民风民俗日趋式微,对于这类"非遗"的保护就要采取一些非常措施,将散存于民间风俗的"非遗"以专业的方式(可选派专业人员到民间学习,收集整理)给予保护、传承,就像散落于四川康定的情歌一样,通过专业的音乐作曲人员记谱、演唱进行保护和传承。而那些本属于文艺团体传承范畴的"非遗"因其生存艰难,传承困难,则应在资金和政策上采取保护性措施。发挥人力资源优势,以教育带动保护。四川省目前有各级各类高等院校103所,在"十一五"期间四川高教总规模达160万人,其中普通本专科生120万人,研究生8万人,成人加自考约32万人左右。充分发挥四川的人力资源优势,发动各级各类高等院校的师生积极参与到"非遗"的研究和保护工作中去,其影响力不可低估。

青年是祖国的未来和希望,只有他们参与到"非遗"的研究和保护工作中去,才能真正让"非遗"焕发生机和活力。因此,四川各地应以高校为龙头,带动中小学校把"非遗"的研究和保护工作贯彻到日常的教育教学工作中去,让更多的年轻人自觉投身于研究和保护祖国灿烂的"非遗",身体力行地传承民族文化的优良基因。而且"非遗"中存在大量的表演艺术、工艺品等,具有极高的艺术价值和审美价值,是进行艺术研究、审美研究的宝贵资源,加上"非遗"包含着丰富的历史文化知识、大量的科学知识以及富含审美价值的艺术精品,这些都是教育的重要知识来源,也应该是进行个体教育、学校教育、社会教育的一个重要内容。为此,文化教育部门要制定诸如《非物质文化遗产研究》等相关课程的开设计划,保证"非遗"的研究和保护工作在各级各类高等院校及中小学都健康有序、持续稳定地开展。

加快立法工作,制定"非遗"保护的法律法规。依法治国已成了社会文明进步的标志之一。为了更加有效地实施"非遗"保护,必须尽快出台《四川省民族民间传统文化保护法》或《非物质文化遗产保护条例》等相关法规,对"非遗"

的界定、价值判断、保护政策、科学方法以及政府的职能、义务等以立法的形式加以规范,做到"非遗"保护有法可依。同时为了避免大量有历史、文化价值的珍贵实物与资料遭到毁弃或流失境外,避免一些人假借保护的名义,对"非遗"随意滥用、仓促开发,造成难以挽回的损失,必须借助法律的强大力量加以约束。所有这些都有赖于完善而成熟的"非遗"保护法做坚强的后盾。"非遗"保护的立法已刻不容缓。

增加财政投入,扶持"非遗"保护工作。四川作为经济相对落后的西部省份,在"非遗"保护工作中投入不足,普查、抢救、保护经费严重缺乏,工作难以正常开展。尤其在2008年的汶川大地震后,灾后"非遗"保护工作从普查到挖掘提炼,从人员培训到资料整理,从规划保护到抢救利用,都需要大量资金作支撑。因此要以增加财政投入为主,多渠道、多方式筹集"非遗"保护工作经费。各级财政要设立"非遗"保护专项资金,纳入财政预算,并逐年增加,确保"非遗"普查工作经费和重点"非遗"项目的抢救、保护经费。要划出相当的资金落实到具体的项目和具体传承人。除财政拨款外,还可通过政策引导等措施,鼓励个人、企业和社团对"非遗"保护工作进行资助。

适当开发,挖掘"非遗"的经济价值。在做好抢救与保护的前提下,对"非遗"加以合理利用,适当将其转化为经济资源,合理开发利用其经济价值,把有转化条件的文化资源转化成为文化生产力,带动全省人民携起手来,众志成城,共同推进"非遗"的保护和传承工作。

第一节 少数民族非遗

我国自古以来就是一个统一的多民族国家,每个民族都有其悠久的历史和灿烂的文化。各民族博大精深、兼容并蓄的传统文化,在长期的交流互鉴中形成了多姿多彩的中华文化。非物质文化遗产(以下简称"非遗")是民族文化的精华和民族智慧的结晶。我国非遗保护传承工作在党和国家的高度重视及全社会的广泛参与下取得了显著成效。各族人民对非遗内在价值的认识不断提高,民族文化认同感不断增强,有效地促进了各民族的交融。

非遗不仅是十分珍贵的文化资源,也是不可或缺的经济资源。少数民族非遗深厚的历史文化价值及经济功能属性,推动了民族地区经济、社会、文化的发展。以少数民族非遗为载体,可以开展形式多样、内容丰富、切实有效的民族交流交往交融活动。

少数民族非遗是一个民族精神与情感的载体,是一个民族生存与发展的根基和动力。少数民族非遗独特的民族性和鲜明的地域性,增强了各民族之间交往的吸引力。少数民族非遗对维护世界文化的多样性、促进民族文化大繁荣、增强民族团结、实现民族文化多元共生和协同发展具有不可估量的价值。加强少数民族非遗保护传承,是彰显文化自信、增强国家文化软实力、开展国际社会不同文明对话的必然要求。

然而,在全球化与现代化背景下,民族地区经济快速发展,族际间人口流动趋于频繁,城镇化建设步伐日益加快,不同文化的交流与碰撞带来了文化的融合与冲突。少数民族传统文化的生态环境发生了巨变,一些珍贵的非遗处于濒危失传状态。如国家级非遗项目苗族古歌记载苗族迁徙的历史,如今能完整传唱古歌的人寥寥无几,其传承面临着后继无人的危机。

纺染织绣技艺被联合国教科文组织列入首批急需保护的非遗名录。随着民族地区自然环境和社会环境的变迁,少数民族非遗的生存空间面临严峻的挑战,加强少数民族非遗保护传承的工作刻不容缓。

21世纪以来,我国非遗保护经过10多年的探索和实践,已经建立起五级非遗名录体系。2008年国务院公布的两批国家级非遗代表性项目名录中,少数民族项目有367项,占比35.7%。2014年国务院公布的四批国家级非遗代表性项目名录中,少数民族非遗项目有613项,占比44.7%。少数民族非遗名录比例的提高,反映了少数民族非遗举足轻重的地位以及党和国家对少数民族的关怀。弥足珍贵的少数民族非遗,为民族交融提供了丰足的养料。

中国作为非遗大国,迄今入选联合国教科文组织非遗名录项目的共有39项,其中少数民族有14项,占比35.9%。新疆维吾尔木卡姆艺术、蒙古族长调民歌和呼麦歌唱艺术、侗族大歌、格萨(斯)尔、热贡艺术、藏戏、玛纳斯、花儿、中国朝鲜族农乐舞入选人类口头和非遗代表作;羌年、黎族传统纺染织绣技艺、麦西热甫、赫哲族伊玛堪入选急需保护的非遗名录。

享有"天籁之音"美誉的侗族大歌、被誉为藏文化"活化石"的藏戏及"穿着身上的历史"的苗族服饰文化等少数民族非遗所展示出的生活风貌、精湛技艺、艺术魅力和精神追求,为民族交往交流交融提供了肥沃的土壤。

少数民族非遗所体现的爱国主义、集体主义、英雄主义、乐观主义等价值观,在各民族之间架起心灵沟通的桥梁,增强了各族人民团结协作、互帮互助的意识,为民族交往交流交融提供了有力的保障。

少数民族非遗代表性项目以单一民族独享为主体。由于我国各民族大杂居、小聚居、交错杂居的分布特点形成了"你中有我,我中有你"的文化格局,有的非遗项目也是多民族共享的。以世界级非遗为例,"花儿"是流传于汉、回、藏、东乡、保安、撒拉、土、裕固、蒙古等多民族的民歌。"花儿"的发展过程呈现出多民族交融的历史轨迹。热贡艺术是中国藏传佛教艺术的重要组成部分和颇具广泛影响的流派,也是藏族不同地区之间、藏汉民族文化之间交相辉映的产物。著名的史诗格萨(斯)尔是藏族、蒙古族、土族等民族集体创作的一部篇幅宏大的民间史诗。格萨(斯)尔既是传承民族文化、凝聚民族精神的重要纽带,也是民族交往交流交融的生动见证。

中华人民共和国成立以来,国家高度重视少数民族文化遗产保护工作,采取诸多积极有效的措施,不断加大对少数民族非遗保护传承的人力、物力及财力的投入。尤其是党的十八大以来,全国各地深入学习贯彻习近平总书记关于传承发展优秀传统文化的重要论述精神,认真落实《非遗法》,积极推动少数民族非遗保护传承,促进中华优秀传统文化创造性转化和创新性发展,各项工作成效显著。少数民族非遗保护措施不断完善,传承方式不断创新,品牌性的非遗展示、展演、展览活动影响广泛,加强了各民族的交往交流交融。

近年来,传承人群研培计划、补助经费提档、少数民族文艺会演、非遗进校园、抢救性记录工程、传承基地及文化生态保护区建设等方面再创佳绩。少数民族非遗的生命力和影响力不断增强,形成了具有中国特色的非遗保护经验。

为了更好地贯彻实施《非遗法》,文化部与国家民委共同组织翻译出版了蒙古文、藏文、维吾尔文、哈萨克文、朝鲜文、彝文、壮文7种文字的《非遗法》。四川、云南、贵州、广西、宁夏、新疆等少数民族省区和一些民族自治州、县制定了非遗保护法规。《非遗法》及相关法律法规的实施标志着我国非遗保护工作进入了全面依法保护的新阶段,增强了各民族的文化自信心,极大地促进了民族交往交流交融。

少数民族非遗传承人是少数民族非遗传承的核心力量。目前,全国有3068名国家级非遗名录代表性传承人,其中少数民族非遗代表性传承人有845名,占比27.5%。为继续鼓励和支持传承人开展传习活动,切实做好非遗保护传承工作,中央和地方政府逐步提高经费投入。一批少数民族非遗代表性传承人所承载的独到技艺、文化记忆得到记录和保存。

2015年以来,文化部与教育部联合启动了非遗传承人群研修研习培训计划。该计划以非遗中覆盖面最广的传统工艺类项目为切入点,委托高校及相关单位开展研修、研习和培训活动。通过该计划的实施,各民族成员互相学习、互帮互助,加强了民族团结,促进了民族交往交流交融。

学校教育作为保护和传承民族文化的重要场所,创造一个与非遗共生的文化空间,有利于培养一批非遗传承人。如今,民族地区积极开展非遗进校园活动。比如,贵州省有近5000所学校相继开展了民族文化进课堂的活动。海南省黎锦技艺进校园已进入常态化,成为全省民族市县学校的特色校本课程。非遗进校园、进教材、进课堂,是加强各民族的文化交流、促进民族团结、推进非遗保护传承的有效路径。

中国特色社会主义进入新时代,构建人类命运共同体和实现中国梦成为新时期的奋斗目标。要实现这个目标,需要不断增进民族团结和民族交融。在此过程中,以少数民族非遗为载体,促进人类文明交流互鉴,加强民族交往交流交融,对早日实现中华民族的伟大复兴具有重要的战略意义。

四川少数民族地区遗存着许多珍贵的民间文学,它们以其民间的、口传的、活态的、野史的形式忠实地记载了所属民族的勤劳与勇敢、聪明与智慧,深刻地反映了社会生活的各个层面,蕴含着所属民族特有的精神价值和文化理念,有助于人们更加真实全面地、更接近本原地去了解和认识一个民族的历史和文化,因而具有很高的历史文化价值。如国家级非物质文化遗产《格萨(斯)尔》。《格萨(斯)尔》也叫《格萨尔王传》,是一部广泛流传于藏族、蒙古族等多民族中的史诗,是世界上迄今发现的演唱篇幅最长的活态史诗,它以无数民间艺人集体创作、加工、提炼,并以口耳相传的方式讲述和歌颂了格萨尔王一生的英雄业绩,成为流传至今的民间文学巨著。它历史悠久,内容丰富,代表着古代藏族、蒙古族民间文化与口头叙事艺术的最高成就,提供了宝贵的藏族原始社会的形态和丰富的历史资料。在千百年的传承和发展中又融汇了不同时代,藏族关于历史、社会、文化、道德、科学、自然、宗教、风俗、艺术等方面的知识,是一部反映藏族社会历史的百科全书,具有很高的历史文化价值和学术价值。生活在四川西部的少数民族以他们丰富的创造能力和艺术表演力,在千百年的历史发展过程中,创造和形成了丰富的民间音乐、舞蹈和美术等非物质文化遗产。它们形象、生动、真实地反映了不同历史时期人们的生活方式、风俗习惯、宗教信仰、民族性格、审美观念,积淀和传承着民族文化,并以其独特鲜明的艺术风格和艺术魅力打动着人们的心灵,给人以美的享受和震撼,具有很高的艺术审美价值和文化价值。如国家级非物质文化遗产巴塘弦子舞。巴塘弦子舞是一种优美抒情的藏族舞蹈,是在乐器弦子(胡琴)的伴奏下,集诗、乐、歌、舞于一体的综合艺术,因源于甘孜州巴塘县而得名。巴塘弦子舞最突出的特点是舞步轻盈舒展,舞姿柔美典雅,音乐优美抒情,女性舞姿突出长袖轻柔舒展之美,男性舞姿柔中带刚显示豪放粗犷之美。巴塘弦子曲调优美抒情,注重柔和多变,其旋律突出了藏区农耕文化的细腻,并从汉族和其他少数民族音乐中吸取了适合自身需要的元素和手法,形成了自己特有的风格。巴塘弦子的唱词内容十分丰富,包括祝福歌、团聚歌、风土人情歌、婚嫁欢歌、祭歌、悲歌、情歌等内容,唱词以诗一般的语言,抒发人们生动朴实的情感,寓意深刻,富有哲理。巴塘弦子舞是在长期的农耕劳作过程中创造发展的,是原始舞蹈的遗存,积淀着厚重的民族文化,折射着浓郁的民族风情,是藏族民间音乐舞蹈的宝藏,具有很高的艺术审美价值。

四川少数民族在千百年的历史发展过程中,创造和保存了许多精湛的传统手工技艺,它们以有形的物质形态记载着无形的知识与实践经验,蕴含着民间艺人的高超智慧与创造力,为我们传递了当地不同历史阶段人们的观念信仰、审美意识以及手工技艺和经济科技水平等方面的信息,不仅具有很高的历史文化价值和艺术审美价值,还具有很高的科学研究价值。如国家级非物质文化遗产德格印经院藏族雕版印刷技艺。德格印经院位于甘孜州德格县,为藏族地区三大印经院之首,以其广博的藏族文化典籍收藏而闻名,70%以上的藏文化典籍在这里都有收藏。除了丰富的典藏,德格印经院另一大特色就是传承几百年的手工印刷术及造纸术。德格印经院的藏族雕版印刷技艺,以精湛的刻工技艺、高质量的印刷和严格的勘校以及每道工序的严格处理而著称。雕版印刷工艺主要包括造纸、制版、印刷三大程序10多道工序,基本保持了13世纪以来古老的传统手工方法,在印制中形成了许多独特的技艺,被称为手工印刷术的活标本,它反映了德格印经院独特的雕刻技艺和印刷水平,为研究世界印刷文明提供了不可多得的原始例证,具有很高的科学研究价值。同时,德格印经院藏有的珍贵典籍对于研究藏族的历史文化、政治经济、医药科技等都具有极高的价值。

在四川西部少数民族地区保留了丰富多彩的民俗节庆,这些民俗节庆是各民族民间文化最重要的综合载体,不仅对于融合民族情感、传承民族民间文化、促进经济发展等方面有着重要的作用,而且还以其独具风情的民族特色吸引着众多的游客,因而还具有很高的旅游开发价值。如国家级非物质文化遗产凉山州彝族火把节。火把节是凉山州彝族最盛大的传统节日,有着深厚的民俗文化内涵,被称为"东方的狂欢节"。大多数地方都将火把节定在每年的农历六月二十四日,节日一般为3天。火把节按传统内容主要有三个方面:一是宰牲,祭祀祖先;二是举行斗牛、斗羊、斗鸡、摔跤、赛歌、选美等活动;三是晚上大家汇集在村头广场举行篝火晚会。凉山彝族火把节作为彝族文化传递和保存的生动有效的手段和载体,不仅能够很好地将彝族民族精神等文化信息不断的传承和发展,并且还加强了各地区各民族间的密切联系,促进了彝族地区的和谐与繁荣,为凉山州的经济发展带来巨大的推动作用。因此,彝族火把节不仅体现了彝族火文化的历史价值和彝族民间风俗文化价值,还具有较高的旅游开发价值。

非物质文化遗产的保护是一项艰巨的、长期的、复杂的系统工程,尽管近年来四川省政府以及甘、阿、凉三州政府及相关部门采取了一些措施对四川少数民族地区的非物质文化遗产进行保护,也取得了一些成效,但由于多种因素的影响和制约,仍存在不少问题。

第一,缺乏规划和制度保障。目前,甘、阿、凉三州地区的非物质文化遗产保护工作缺乏短、中、长期的规划,缺乏专门性的保护法规和有效的保护机制,使非物质文化遗产保护工作所需的配套政策、资金、人才队伍等得不到落实。

第二,对本民族非物质文化遗产的价值认识不足,以及受到外来文化和现代文化的冲击,使许多珍贵的非物质文化遗产面临失传的危险。随着现代化进程的加速、经济生活的变化以及外来文化的影响,使一些民族传统的价值观念也随之发生变化,对本民族文化的认同逐渐弱化,很多原生态的文化,在外来文化和现代文化的冲击下迅速衰落,许多年轻人对自己的民族文化了解甚少,不愿立足于发展自身民族文化,部分非物质文化遗产处于濒危状态。

第三,非物质文化遗产的特殊传承方式以及经济等因素的影响,导致非物质文化遗产缺乏传承人。非物质文化遗产主要是以口传心授的方式进行传承。因此,传承人成为非物质文化遗产能否得以传承和发展的关键。而现有的传承人多为老一代的民间艺术家,且大多是农牧民或寺庙僧侣,他们从事非物质文化遗产的创作、表演、传承等工作没有经济收入或收入很少,使不少民间艺人们不得不改从其他职业维持生活,许多年轻人都不愿意学习这些既不挣钱又费事的技艺,而选择外出打工,导致非物质文化遗产缺乏传承人。

第四,不合理的开发和不当的宣传,导致非物质文化遗产被曲解和破坏。旅游业的发展,使不少地区将当地的非物质文化遗产作为重要的旅游资源进行开发。但在开发中忽略了非物质文化遗产所蕴含的民族精神特质和民族文化本质,将一些非物质文化遗产简单化、舞台化,结果呈现给游客的只是形式化的内容,而民族文化的精髓和实质内涵缺失。

加强宣传引导,提高对非物质文化遗产的认识和保护意识。不能够正确的认识非物质文化遗产的价值,加快了非物质文化遗产的消亡速度和保护难度。非物质文化遗产是属于特定群体的,要保护这些非物质文化遗产,没有当地居民这个特定群体的参与,是不可能成功的。只有正确地认识非物质文化遗产的价值,才能自觉地将非物质文化遗产的保护与现实要求结合起来,从而积极探索非物质文化遗产保护的方法和途径。因此,当地政府应当加大对非物质文化遗产的宣传,可通过印发宣传小册子,利用广播、电视等媒介来宣传非物质文化遗产的相关知识和价值,培养民族情感,强化民族审美观,提高少数民族传承自己文化的自觉性。

注重非物质文化遗产传承人的保护和培养。传承人是非物质文化遗产最重要的活态载体,能否保护好传承人,关系到非物质文化遗产能否真正得到保护、传承和发展。因此,当地政府应制定相应的保护措施,切实保障传承人的基本权利和利益。可对传承人实行造册登记,颁发证书,建立传承人名录。要给予传承人名誉的肯定和经济上的扶持,提高他们的社会地位,改善他们的生活条件。对非物质文化遗产保护具有关键作用的重要人物,还可以考虑参照我国已有的"工艺美术大师"之类的命名制度和日本的"人间国宝"指定制度等方法,予以鼓励、支持和保护。

在培养非物质文化遗产传承人方面,应建立完善的人才培养机制。鼓励老一代传承人,将自己的技艺传承给后代,但要对他们的工作给予肯定和经济补贴。要重视在年轻一代中培养民族文化的传承人和保护者,可探索校园传承保护模式。如以在高校开设特色班或选修课程等形式进行讲学,也可采取培养兴趣团体的方式,还应鼓励以民族民间文化为内容的职业教育、职业培训,还可以在中小学开设普及或介绍本民族、本地区优秀民族民间文化的课程。针对学技艺需要的时间长,初学没有经济效益,没有人愿意学的问题,可考虑采取政府出钱补助的方式

鼓励学艺。对于因农事忙没时间学等问题,可考虑由老艺人定期辅导或农闲时集中辅导。对于民间音乐、民间舞蹈类非物质文化遗产的开发,除在当地组织各种形式的表演外,还可采取走出去的方式,让更多的人认识和了解其文化内涵和价值,从而使其得到更好的保护。如由羌笛、多声部歌唱、羊皮鼓舞等六项活态文化遗产构成的大型羌族乐舞史诗《羌风》是一种值得借鉴的方式。《羌风》走出了山寨,走进城市,迈上舞台,它集中展示了羌文化中最优秀、最珍贵的部分,"活态传承"着非物质文化遗产,不仅是对非物质文化遗产和传承人的保护,更是对这一文化类别及表现形式提供发展衍生的空间,使其能以更高级的艺术形态传播延续。

少数民族的非物质文化遗产的保护是一项系统地、长期的工作,只有通过政府、学界、民间的通力合作和持续努力才能完成。同时还需借鉴国际上相关的经验和教训,在实践中不断加以完善。

第二节 多彩戏剧

近年来,四川各剧种在继承传统经典的基础上,发展创新,创作了大批新编历史剧和现代戏,现代戏创作尤其突出。

巴塘藏戏,藏语叫"江嘎冉",是藏戏的四大流派之一。康巴藏戏分舞台演出和坝子演出两种,主要为坝子演出。演出时,有简单的化妆,通常要戴面具,特别是神话传说中的邪恶形象,更注重脸谱,观众可以从不同色彩的化妆、不同形象的面具与表演动作,区别出剧中人物的美丑善恶。表演时,通常有鼓、铙等打击乐器伴奏,也有一些剧目用长号、唢呐、笛子、胡琴等伴奏。演唱时,除前场的演员演唱以外,后场演员也可以帮腔。

色达藏戏为安多藏戏的一个支系,主要流传地为甘孜藏族自治州色达县,在甘孜州丹巴县、青海地区也有流传。由传统八大藏戏、格萨尔藏戏、民族弹唱、民族说唱、服饰展演、寺庙乐舞、藏戏唱腔、民族歌舞八个部分组成。民间说唱又分为折嘎说唱、格萨尔说唱、民间传奇小故事说唱三部分;民族歌舞包括民族山歌、情歌对唱、民族舞蹈三部分;藏戏唱腔有30多种,其中最常见的是"贡达""扎西"。"藏戏(色达藏戏)"沿袭安多藏戏的演出特点,以舞台演出为主(广场演出时则必挂底幕)。演出开始前,由打击乐器及长角号等合奏一段名为"降达"的前奏曲,然后进入正戏,结尾时都以绕圆场形式(藏语"拥忠噶切")下场。表演讲究唱、舞、韵、白、技、表六项功夫,集各家之长,独成一派。舞蹈在"藏戏(色达藏戏)"中占有重要的地位,通常一部分合于表演之中,一部分则穿插其中以烘托剧情,具有鲜明的牧区特色。演员一般在20人左右即可演出,一场藏戏会用上千件的道具和服饰,演出场面壮观,常能以磅礴的气势感染观众。该项目已进入第一批国家级非物质文化遗产扩展名录。

色达县于1955年经国务院批准建县,至今有51年的历史。在这段历史长河中,色达县的许多民族民间文化得以传承和发展,并保存了其原生态的自然形态。早在1948年,日洛仁波切就在安多藏戏的基础上大胆地进行革新,在藏戏中加入了景片、道具和弦乐器,改编创作了《志美更登》《卓瓦桑姆》等剧目,培养了一大批藏戏人才,使藏戏在色达广泛传播,成为色达家喻户晓,人人吟唱,最为普及的民间艺术。色达县丰厚的格萨尔文化底蕴与深厚的藏戏传统艺术为格萨尔藏剧提供了扎实的发展基础。在此基础上,1981年以色达县著名学者班玛·塔洛为首的一批格萨尔研究专家和藏戏专家,成功地将《格萨尔王传》史诗移植到藏戏中,创造了一种形象、生动地表现格萨尔史诗内涵的新的艺术形式——格萨尔藏剧。

皮影戏是通过灯光照射影身产生影子表演的一门戏曲表演艺术。它是集绘画、雕刻、音乐、歌唱、演奏和表演于一体的综合艺术。四川皮影有川北土生土长的"土皮影"、有清末陕西渭南传入的"广皮影"(又称"渭南皮影")和阆中市流行的"阆中皮影戏"。以"阆中皮影戏"为最优。"阆中皮影戏"系阆中民间皮影大师王文坤及祖辈根据"土""广"皮影的特点,扬长避短,独创一派的新型皮影。其特点是皮影造型美、身影适宜,结构均衡,雕刻技法娴熟,线条流畅细腻,镂空留实得体;面部椭圆,头帽胡须不固定;服饰多采用川北民间传统流行花纹图案装饰,造型十分精致优美,并具有浓郁的地方特色。一人拦门表演多人,边提影边说唱,形态逼真。唱腔除借用川剧五大声腔外,还博采民间流行的山歌、小调以及佛教、道教音乐,深受川北人民群众喜爱。皮影始于汉,兴于唐、宋,普及于元、明;清初至民国时期是它的极盛时期。阆中皮影流行于以阆中市为中心的南充、广安、巴中、广元等地区的36个县(市)区。阆中皮影戏长期扎根于川北民间,它和川北民间风俗习惯、社会风貌、人文传统有着密切的关系,多方面反映川北人民熟悉的历史故事、民间传说、人情、世相、风土、生活和意趣。有极大的欣赏价值(曾先后赴奥地利、香港、成都、重庆等演出)和收藏价值。奥地利总统看了阆中皮影后称赞:"这才是真正的东方艺术!"

皮影戏起源传为西汉文帝时,"宫妃抱太子在窗前玩耍,巧剪桐树叶作人影,映在窗上表演"。据《汉书·外戚传》载:汉武帝刘彻爱妃李夫人早逝,帝思念不已,时有齐人少翁乃夜张灯烛,设帐请武帝坐远瞻,仿佛似夫人之像。这些传说虽说不能确认为皮影戏的起源,但先民最早发现"光"和"影子"的关系并加以利用,以及早期创造了绘画雕刻艺术,为皮影的发明准备了充分条件。孙楷第《傀儡考源》:"僧徒夜诵经卷,装屏设像",说明唐时有人利用丝纸剪影宣传佛事,是皮影的胚胎始期。关于皮影的确切文字记载,最早见于宋代张来

《明道杂志》:"京师有富家子……甚好看弄影戏,每弄至斩关羽,辄为之泣下,嘱弄者且缓之。"又据宋高承所著《事物纪原》:"仁宗时,市人有三国事者,或采其话加缘饰,作影人。"更为详细记载为孟元老《东京梦华录》:"逢节庆日,每一坊巷口,无乐棚去处,多设小影戏棚子,以防小儿相失,以引聚之。"耐得翁《都城记胜》:"凡影戏乃京师人初以素纸雕镂,后用彩色装皮为主,其话本与讲史书者颇同。大抵真假相半,公忠者雕以正貌,奸邪者与之丑貌,盖亦寓褒贬于市俗之眼戏也。"越元、明,皮影戏日臻成熟;整个清代及民国时期,是皮影的极盛时代。四川皮影戏(阆中皮影戏)是川北皮影的代表作,始于明末清初。当时随"湖广填四川"而来阆中宝台一家姓王的湖北孝感人,以表演皮影戏为生计。因外地来的"广皮影"当地人不感兴趣,王氏家族于是吸纳川北地方"土皮影"的特长,融入表演及道具制作中去,逐渐形成独立门户的川北"阆中皮影",特别是经过第5代传人王文坤的大胆创新,使川北"阆中皮影"走上民间表演艺术的高峰,蜚声海内外。

在过去,阆中皮影戏演出的主要价值在四个方面:祭神、庙会、贺喜、愉人。在新时期,阆中皮影戏在"百花齐放,推陈出新"文艺方针指导下,古老的皮影艺术更加焕发了青春活力。

一、艺术价值

一件精美的皮影便是一幅精美的艺术雕饰品。阆中皮影艺术造型里有民间传统美术特点和浓厚的时代生活气息;它既有白描、工笔画的隽美清晰,工巧细腻,又有国画艺术中的高度概括和精练手法。造型风格上从艺术剪纸、窗花中吸取了大量精华,又在影身的衣着、布景构图上附以具有地方特色的图案装饰色彩。阆中皮影、剪纸大师王文坤的皮影和剪纸艺术作品得到专家赞赏,曾先后被中国美术馆、省博物馆收藏近100多件作品。其剪纸作品先后在《人民日报》《四川日报》《四川画报》《中国妇女》杂志刊载,同时还被奥地利、意大利等国际友人珍藏。

二、社会价值

阆中皮影戏系川北民间生活、劳动人民的思想愿望以及他们创造的各种民间艺术有着深厚联系的一种艺术结晶。对当地社会历史和生活习俗及其文

学艺术、地方政治经济、风土人情有很大的研究价值。同时,阆中皮影戏祖孙
8代人相传承,延续了200多年,且尚在继续传承着,它为川北人民,特别是阆
中及周边山区人民带来了精神享受和文化娱乐。

格萨尔藏戏最初是在藏传佛教宁玛派的一些寺庙中交流表演,后逐步在
五大教派的不同寺庙中得到了传承和学习。在德格的57座寺庙中,就有近
20座不同教派的寺庙表演格萨尔的藏戏,其中在德格境内的竹庆寺、协庆寺、
岔岔寺、门扎寺、丁青寺等寺庙的藏戏表演都很有特点,阵容也很庞大。一般
格萨尔藏戏在每年的藏历年、祭祀活动、宗教节庆等时候表演,之前由寺庙组
织编排,全为寺内僧侣参加,不断有少部分新的喇叭和扎巴加入进来,以老带
新,使该藏戏得到了传承。表演场地一般选择在寺庙周围开阔的草原上,附近
群众会竞相来观看,其场面很大,是一种既远古神秘,又令群众喜闻乐见的戏
曲表演。格萨尔藏戏所表现的主题以歌颂、缅怀史诗英雄格萨尔为主调,从
《格萨尔王传》手抄本及民间传说中吸取营养,通过神话的方式赋予舞台表现,
充满了神秘高古的文化气息。该项目已进入第一批国家级非物质文化遗产扩
展名录。

格萨尔藏戏形成于康区宁玛派祖寺——竹庆寺,开编于1870年,距今已
有140多年的历史。当时的宁玛派主持是在康巴藏区很有影响的。该藏戏从
剧本到面具、服饰以至动作均由土登·曲英多吉一手主持完成,并演绎至今。
最初作为一种寺院祭祀文化形态,主要在宁玛派的各大寺庙中流传,后逐步传
入其它寺庙,并被民众所热爱。在民间嫁娶、迎送庆典、传统节庆等场合均可
表演。

格萨尔藏戏是以史诗人物格萨尔王为主人公的大型宗教祭祀舞蹈,从不
同场景、角色的交替和舞姿表现,呈现了藏族人民对英雄崇拜的美好愿望,透
射出该民族的精神文化中不屈不挠的英雄品质,又通过神话的虚幻风格,再现
了格萨尔王英勇不朽的人格魅力,反映出远古时期藏民族部落群族时期的社
会历史梗概。艺术价值:格萨尔藏戏以其古老的舞蹈服饰、道具为衬托,通过
不同故事情节的展现,体现出史诗文化的艺术魅力,激迈粗犷的舞步表演,于
粗犷中表达着一种豁达,于浑成中体现出一种博大,风格独具,极具欣赏价值。
文化价值:格萨尔藏戏作为在整个藏区很有特色的一种戏种,以舞台表演的手

法,使史诗文化的传播变得具体形象,是对古老史诗文化的一种集中表现和再创造,从而丰富了传统文化表现内容,深化了民族文化的固有内涵,其文化价值无可估量。

藏戏(巴塘藏戏)演出一般分为四个部分:第一部分为序幕(藏语叫"扎西协哇");第二部分是开场式(藏语叫"恩巴");第三部分为正式演出(藏语称为"雄");第四部分是谢幕(藏语叫"扎西交")。主要剧目有《扎西协哇》《江呷热瓦》《文成公主》《卓瓦桑姆仙女》《洛桑王子》《苏吉尼玛》《智美更登》《顿月邓珠》等。表演者有简单的化妆,通常要戴面具,特别是神话传说中的邪恶形象,更注重脸谱,观众可以从不同色彩的化妆、不同形象的面具与表演动作,区别出剧中人物的美丑善恶。表演时,通常有鼓、钹等打击乐器伴奏,也有一些剧目用长号、唢呐、笛子、胡琴等伴奏。该项目已进入第一批国家级非物质文化遗产扩展项目名录。

川剧作为国务院公布的第一批入选"国家非物质文化遗产名录"的地方戏曲,是巴蜀文化中最具代表性和根深蒂固的艺术形式。其悠久的文化传统历史、独特的高品质音乐、精湛的表演技巧和鲜明的地域特色,成就了川剧在中国剧坛不可替代的地位。但随着时代的变迁、人们生活方式的改变,川剧的现状不容乐观。据近几年的调查,川剧团逐渐减少,现存的川剧演员断代严重,最年轻的演员都不低于30岁,甚至有高龄演员在演出中带病上场。没有新学徒加入,以及只能口传身授的教学方式,导致了很多技术和表演形式的失传,许多大幕戏已无法上演,只有其中个别折子戏还能呈现。正因川剧浓厚的古典文化底蕴以及严峻的现状,传承、保护和发展川剧刻不容缓。

"川剧"流行于四川(含今重庆市)境内及云南、贵州、湖北省的部分地区,是中国西南地区影响最大的地方剧种。形成于清代前、中期,主要有高腔、胡琴、弹戏、昆腔、灯调五种声腔,"五腔共和"的声腔体制和鲜明的艺术特色,体现了巴蜀地域文化的独特性和中国传统戏曲的多样性。

"川剧"剧目丰富,具有很高的文学价值,有传统剧目和创作剧目6000余个,其中有宋元南戏、元杂剧、明传奇与诸多古老声腔剧种经典剧目,也有历代巴蜀文人、艺人创作的卓越贡献。中华人民共和国成立后改编创作的"柳荫记""彩楼记""焚香记""绣襦记""白蛇传""巴山秀才""变脸""山杠爷""金子"

等,均具有较大的社会影响,显示了深厚的传统文化底蕴。"川剧"分小生、旦角、生角、花脸、丑角五个行当,各行当均有自成体系的功法程式,尤以文生、小丑、旦角的表演最具特色,擅长特技绝活的运用,在戏剧表现手法、表演技法方面多有卓越创造。在"川剧"五种声腔中,尤以曲牌体的高腔音乐最具创造性,其帮、打、唱相结合的结构形态,在戏剧与音乐的结合上达到了前所未有的高度,是我国戏曲高腔音乐发展的杰出代表。"川剧"在文化、艺术、历史、民俗等方面所蕴含的独特价值,充分体现了它在中国戏曲史以及巴蜀文化发展史上所占有的不可替代的独特地位。川剧,作为我国的古典艺术之一,大约形成于明末清初,那时便有南方的昆曲、弋阳腔、青阳腔,西部的陕西梆子,华中的湖北汉调,安徽徽调等流入四川,逐步"改调而歌之"——用四川方言演唱。川剧是中国戏曲声腔的一个缩影,主要有高亢的高腔、典雅的昆腔、多变的胡琴、甜苦交融的弹戏、活泼的灯调五种声腔。高腔是发展最为丰富完善的,分生、旦、末、净、丑五大行当,其中文生、旦角、丑角的表演最具特色,各种特技绝活的运用轻而易举,并在戏剧和表演技巧的表现方面都有杰出成绩。

早期的川剧流派其实分为"四条河道":以高腔、灯戏为主的"川西坝";艺术风格严谨、擅长高腔的"资阳河";受秦腔影响的"川北河";受徽、汉剧影响较大,以胡琴为主的"下川东"。

川剧的语言体现了四川人独特的幽默、活泼和生动,充满了鲜明的地域特色,具有强烈的生活感和广泛的群众基础,也具有很高的文学性,影响曾覆盖四川、重庆、湖北、云南、贵州和西藏的部分地区。但如今的衰落也和语言密切相关,川剧的语言属于地方语系,虽说当年在确定中国官方语言时,四川话仅以一票之差落选,但是现在四川话的接受度还是远远不够,因此川剧在全国的接受度不算高,主要是"听不懂在唱什么",只能通过一些技法和唱腔来判断。

川剧的表演艺术有自己的体系,分类细致入微,具有深厚的生活基础,表演真实又细腻,这种"接地气"的演出形式深受老百姓的喜爱。其中有不少特技,如"变脸""吐火""藏刀"等,皆可根据剧情和塑造角色的需要,在剧中巧妙运用,别开生面。其中川剧的"变脸"被广为称赞,因其精巧的制作、杰出的技艺、夸张的表现且符合戏剧人物情绪变化,又有一定的神秘性,吸引了大量国内外的观众。

川剧的声腔以高腔最具代表性,其曲牌丰富,约有三四百种;音调优美、婉转动听,最能表现地域特征,是川剧的主要演唱形式。川剧高腔包括唱、帮、打三方面,它是一种一唱众和、不托管弦、锣鼓助节的演唱形式。并且帮腔采用领腔、合腔、合唱、伴唱、重唱等方式,意味隽永,令人着迷。

川剧的演唱形式最有特色的就是帮腔,可追溯到南戏,后成熟于弋阳腔,其演唱形式以一人干唱为主、众人帮腔为辅,帮腔的主要人员是乐队司乐人员。帮腔可以帮半句,也可以帮整句,是用假声翻高八度演唱,最早的作品可见唐代的《踏摇娘》。帮腔的作用可以渲染情绪,揭示人物心理,剖析人物内心真实感受,评价人物,增强戏剧效果。而如今,一唱众和的帮腔俨然已是川剧中最基本、最独特的表现。

随着社会的变迁,川剧等非物质文化遗产受到了强烈的冲击,特别是"五四运动"之后受到西方文化的影响,全国老百姓的重心都转移到了爱国救国的事迹当中,中国传统文化出现了断层,川剧受到的影响颇大。老百姓的生活缺少演戏、听戏的娱乐模式,几乎都投身于爱国运动之中。改革开放以后,西方文化和快餐文化对传统艺术的冲击,使观众流失,川剧市场萎缩,社会对传统文化的认知不高,媒体舆论也缺失,导致川剧的继承和剧院的工作遇到了多重困难,使得川剧艺术日益走向衰弱。虽现在稍有好转,但笔者仍对于川剧的传承、保护和发展提出几点建议和呼吁:

1.川剧进校园。由于川剧具有地域文化性,我们可以从四川"娃娃抓起",根据现在小朋友的喜好,有针对性地让他们认识川剧脸谱、服饰、名段,参与动手绘制脸谱等活动,激发孩子们的兴趣,将川剧的基础学习作为学校的一个特色,鼓励孩子们踊跃参与。

2.开展各种与川剧相关的社区活动。例如演出、川剧知识竞赛、新创川剧大赛等,举行各种贴近老百姓的川剧演出活动,支持川剧爱好者或者群体开展活动。开办社区川剧学习班,培养和扩大川剧群体,增加川剧学习的多样性,可开设"老外川剧兴趣班"等新兴活动,欢迎国内外的川剧爱好者互相探讨学习。

3.加大宣传,扩大影响,提高知名度。如今,是自媒体的时代,川剧在不断更新的同时,也要注意利用各种现代媒体平台,扩大影响和知名度。例如在抖音、爱奇艺、哔哩哔哩、小红书等各大视频平台开设一个川剧频道,鼓励川剧艺术家在平台上传播川剧知识,以此扩大川剧影响力。

4.与时俱进。川剧作为古典艺术,自然拥有浓郁的文化底蕴,但在时代发展的今天,我们也要做到与时代接轨。在继承和保留传统川剧文化的同时,我们必须要勇于创新,结合现代的文化元素,提炼出现代川剧里的时尚元素,多出好戏,多出精品,用优秀剧目来振兴川剧,吸引更多年轻的观众,引起更多年轻人的关注,让古老的川剧艺术注入新的血液,散发新的活力。

5.加大人才的培养。川剧的传承与保护离不开人才的培养。以院代班培养人才,也可开设少年班,一边学习文化课,一边学习川剧,返聘老艺人以师带徒口传身授,否则只要有一个老艺人退休就要永久"退休"几出戏。

6.提高演艺人员的工资及福利。据悉,现在川剧团的演员工资仅2000元左右,经常自己置办一点行头就花掉大半工资,生活拮据,为了生存以及生活,多数演员放弃了传统演员的身份,为了挣钱养家糊口而改行,甚至有些仅仅只是为了谋得一时私利才去学习川剧或者变脸,这样的行为本末倒置,既没有传承传统文化,反而使之落下不好的名声,从而走向衰落。

振兴川剧等非物质文化遗产,是我们全社会的责任。我们应该用心研究历史,精化各个细节,抓住深化中国文化体制改革的契机,不断探索川剧传承发展的新途径,开拓新市场,充分调动川剧艺术工作者的积极性、主动性和创造性,积极响应国家号召,发展文化软实力。通过这种方式,我们才可以更好地继承、保护和发展这种优秀的传统戏剧文化。

第三节 传统技艺

荥经砂器是民间工艺性极高,文化内涵极为丰厚的地方民间工艺产品。荥经古称严道,公元前312年,秦设置了严道治所,是古丝绸之路上的重镇。根据1982年考古学家从当地发掘的秦、汉墓葬之物考证,早在2000多年前已有砂器生产。据荥经县志记载:荥经六合乡古城村多黏土,砂器生产历史悠久。荥经古称严道,公元前312年,秦惠文王的异母兄弟樗里疾战功显赫,惠文王把富庶的严道封给他,并设置了严道县,治所就在今古城坪。从近年来出土的大批春秋战国秦汉时期珍贵文物考证,两千多年前的严道治所,人丁兴旺,人们就地取材,就地制造了大批简单生活用器——砂器。荥经砂器生产历史悠久。清乾隆、嘉庆年间,有王姓、朱姓、洪姓等制作砂器,代坤山、雷跃从王氏学艺制作。民国时期,古城坪有砂器烧制窑13座,曾由县实业所选送产品到四川省政府评比,获奖牌3枚。新中国成立后,荥经砂器产品种类日渐增多,近年来,荥经砂器已从单纯生活用品发展成集实用性、观赏性于一身的民间手工艺制品。

荥经砂器的制作基本沿用历史遗留下来的传统手工作坊生产方式。采用纯天然原料,分采料、粉碎、搅拌、制胚、晾晒、焙烧、上釉、出炉等几道程序,其工艺要求环环紧扣,一丝不苟,荥经砂器的制作古朴原始,纯手工制作,工艺要求极高。

荥经砂器历史悠久,由以单纯生活用具为主,发展成为砂器作为载体的传统民间工艺制品,蕴含丰富的文化内涵。其工艺价值已远远超过砂器自身生活用品价值范围,荥经的地方文化,民间文化传承都在砂器的产生、制作中有所体现,具有很高的民间文化研究价值,荥经砂器的生产过程、原始风貌是地方旅游文化的一大景观,它的精美工艺、古朴唯一性,使其成为了难得的旅游纪念品,荥经砂器已成为极具代表荥经地方特色的主打民间工艺制品,荥经砂器已当之无愧地成为民间工艺百花园中的一支绚丽奇葩。

银花丝技艺是我国优秀的传统手工技艺之一,也是四川省著名的传统特种手工艺,已有2000多年的悠久历史。银花丝技艺以"花丝平填"著称于世,驰名中外。产品做工精湛,造型别致,玲珑剔透,具有浓郁的民族特色和独特的地方风格。主要品种有瓶、盘、薰、鼎、盒等传统摆件及钗、环镯等饰品,还有近年开发创新的"银丝画"系列产品。至50年代以来,银花丝技艺工艺品多次赴国内外展出并获奖。1989年以来,产品荣获国家质量奖审定委员会颁发的中国工艺美术百花奖银奖,成都市政府为企业颁发了"产品荣获国优管理创一流"的锦旗,产品还多次荣获省、市旅游局颁发的金奖、银奖。其作品被中国工艺美术珍宝馆收藏,收入中国工艺美术巨著——《中国现代美术全集》金银器卷。产品远销世界40多个国家和地区。

《成都市志·轻工志》记载:成都金银器的制作可以追溯至公元前1700年的殷商时期。在广汉三星堆侧器物坑中便出土有世界罕见的金面罩和刻有人面、鱼、鸟等包金木杖文物。金沙遗址出土的金制太阳神鸟更是历史的见证。至汉代,成都的金银器工艺水平已有了很高的造诣。西汉政府在成都、广汉两郡设立工官监造金银器等,规模已较宏大。在长沙马王堆、湖北江陵凤凰山及贵州清镇等汉墓中,乃至朝鲜平壤、蒙古诺音乌拉古墓中都曾发现大批署有"蜀郡西工""成都郡工官"戳印的金银器。到宋代,成都的金银器制作已十分精美,出现了丝、片结合的产品。1969年在四川德阳孝泉镇发现了窖藏的一批宋代成都造的银器,有莲花杯、菊花杯、镂空盒、瓜形壶等,造型多样,结构巧妙,做工精美。明清时期,成都的金银花丝大量使用"堆丝、填丝、垒丝、炭丝、錾刻"等工艺,逐步形成了地方特色。1951年,中国人民银行川西分行将成都部分金银器制作艺人组建成立了国营成都金银饰品店(即原成都金银制品厂,现在的成都金银制品有限责任公司前身)在春熙路开业。至70年代以来,银丝制品生产规模已从最初的几十人发展到300多人。至90年代中期,银丝制品成为省、市外贸出口创汇的主要工艺品之一,同时企业也大量接待来华的外国客人参观、购物。银花丝技艺工艺品主要销往日本、美国、英国、法国、加拿大、澳大利亚、科威特以及港澳等国家和地区。

银花丝技艺是四川传统银器生产的代表。银花丝技艺以"平填"为主,无胎成形。艺人们根据设计图稿用不同粗细的纯银丝先做出图形边框,中间再用不同的技法填以图纹,经过多次焊接,组合成型,再经几道工艺进行表面处理而成。立体造型的制品,无论是方圆或异型;无论是器皿或飞禽走兽,均不用胎,直接成型。由于制作工艺复杂,全靠手工制作完成,故制作一件大的作品往往需要花费几个月甚至几年的时间才能完成。产品玲珑剔透,精美典雅。在一些作品上,局部借鉴了北京花丝的烧蓝、镶石及镀金工艺,从而使银花丝技艺工艺品在典雅中不失富贵。银花丝技艺工艺品具有结构严谨、造型别致、虚实相间、玲珑剔透、美观大方的特色。由于采用了白银防变色工艺处理,使银丝产品能在较长时间内保持柔和光泽、不变色,给人以舒适的美感。

银花丝技艺经过几代人的传承,已经使它的工艺水平、艺术欣赏价值得到了发扬光大。几十年来,企业不断开拓创新,制作出一大批平填花丝的精品之作。其中有直径105厘米的四个银丝大挂盘,有高170厘米的《玉羽迎春》挂屏、高70厘米的六方、八方花瓶、金丝烧兰《大龙舟》等。这些代表作品堪称平填花丝的旷世之作,多次在国内外博览会上获奖。这些工艺精湛、具有收藏价值的贵重的宫廷艺术品,如今也成为人们日常交往的高档礼品、旅游纪念品。随着社会的发展进步,传统的银丝工艺将进一步突显她的无限魅力。银花丝技艺作为四川成都特有的传统手工艺,是几千年来前人留下的稀世珍宝,具有厚重的历史文化价值,应当让她世代相传。

五粮液传统酿酒技艺,在上千年的历史传承中,凝聚着一代代酿酒业界无数劳动者的智慧和心血,以其突出的独有特性,较为集中地体现着华夏民族向大自然的深度和广度进军的不懈奋斗精神和执着创新精神,在中国乃至世界酿酒业界独树一帜,具有多方面突出价值。

五粮液酒传统酿造技艺是千百年来丰富酿酒实践的总结,是酿造工人智慧的结晶。它所记载的,是中华民族涉足生物工程科学领域的进程,是五粮液人对酿酒规律的探索与收获。它既是宝贵的中华文化遗产,是考证和研究中国酿酒历史的重要依据,又是上千年发展史所赋予宝贵价值的历史宠儿。

作为与五粮液传统酿酒技艺密不可分的一个重要环节,五粮液明代老窖池群是不可多得的珍贵历史文物。明代窖池群承载着五粮液酿造的历史演进过程,见证着五粮液的悠久历史,同时是中华酿酒历史文化中有力的实物例证。迄今为止,记载我国酿酒历史的有两大类载体,一是文献资料记载;二是古酿酒糟房遗址。酿酒属于生物工程学范畴,有许多奥秘需要人们不懈探索。五粮液老窖以其特殊的方式和力度强劲地证实,我们的祖先很早就进入了这一科学领域,并不断取得探索的成果。由此可见,五粮液老窖窖群具有很高的极其特殊的历史价值。

五粮液传统酿酒技艺,一直遵循古传"陈氏秘方""小麦成半黍半成、大米糯米各两成、川南红粮凑足数、糟糠拌粮天锅蒸"的基本要求,以大米、糯米、高粱、小麦、玉米五种粮食为酿酒原料,有效规避了其他白酒用料单一、风味单调、口感欠佳等不足,味觉物质比其他白酒丰富得多。

以纯小麦制曲生产包包曲为糖化发酵剂,经过续糟混蒸、甑桶蒸馏、跑窖循环、特殊老窖池、长发酵期的固态发酵工艺生产五粮液原酒,再经过储存陈酿、精心勾兑调味,最后包装出厂。五粮液酒源丰富,品质特色明显,利于勾兑组合选择,产品质量稳定,品质特点十分突出。

作为五粮液传统酿酒技艺的重要基础和载体,五粮液明代古窖池堪称是活着的文物,对微生物学界酿酒类微生物物种及其在发酵酿酒中作用的研究,具有重要的科学价值。五粮液老窖窖泥中丰富的微生物群落,为微生物种类、繁衍、生物链构成等的历史溯源,提供了极为宝贵的研究载体和渠道,使人们更好地弄清微生物发展历史、把握微生物发展规律成为可能。

五粮液传统酿酒技艺生动地体现出中华传统儒学中庸哲学的精神。五粮液酒的酿造是人类师法自然、充分利用环境的杰作,是中国传统白酒酿造的普遍原理与宜宾独特的地理环境相结合的产物,是"天人合一"的结果。五粮液老窖悠久的发酵酿造历史,决定着参与发酵的酿酒微生物种类更多、更全面,酒的成分也就更复杂、更全面,香味物质更加丰富,进而决定着五粮液独树一帜的"尤以酒味全面而著称"的高贵品质;五种粮食自然发酵,形成"集杂成醇"、不偏不倚、全面谐调的风格。五粮液酒文化的精髓不仅在于它科学的酿造工艺与悠远的历史文化,还在于其自身兼中国饮食文化的生活情感。民以食为天,食又有五谷杂粮作为底温,五粮液取之于五谷,注重酒的浓香、甘醇、色泽,讲究酒文化内在的品质,注重饮用后的绵长回味,它的性情柔中有刚,淡中透浓。这也是孔子儒家文化中所体现的中庸和谐的文化精神。

五粮液传统酿酒技艺,是宜宾两千年酿酒历史的结晶,也是民族文化交流、融合的历史见证——宜宾自古是多民族杂居的地方,早在秦汉时期,各族人民分别酿制了各具特色的美酒:从先秦时期僚人酿制的清酒、秦汉时期僰人酿制的蒟酱、三国时期鬓鬓苗酿制的果酒、南北朝时期彝人酿制的杂粮咂酒,到唐代的重碧酒、宋代的荔枝绿,为五粮液的诞生奠定了雄厚而扎实的基础。作为五粮液的直接前身,宋代"姚子雪曲"已采用五种粮食作为酿酒原料,已经形成了今天家喻户晓的五粮液雏形。五粮液采众家之所长而形成,实际上是通过酒文化这条纽带,推动了民族文化的融合。五粮液传统酿酒技艺是宜宾历史上多民族丰富而深厚的酿酒历史文化的结晶,是多个兄弟民族的智慧和实践,是民族融合的活化石。

五粮液传统酿酒技艺体现了中华民族精益求精、创新不止的奋发精神。

无论是几百年来独特的包包曲的制作使用和对五种粮食配方的含辛茹苦的改进完善,还是几十年来对"新窖老化"和陈酿勾兑技艺的孜孜不倦的探索追求,无不体现了中华民族不畏艰难、不断创新、止于至善的精神追求。

五粮液传统酿酒技艺,能够创造出十分巨大的经济价值。由于对酿酒规律和要求的探索在不断深入,按传统酿酒技艺酿制的五粮液酒,酒味协调的风格特点一直都十分突出,深受社会各界尤其是高端消费者的青睐,从而比一般酿酒工艺具有更高的经济价值。五粮液酒厂拥有的明代老窖池和含有独特微生物的酒厂小生态,是生产五粮液陈酿酒的稀缺资源。事实上,明代古窖池群在五粮液酒的经营活动中,地位举足轻重,是经济效益最为主要的源泉之一。

严格按这种技艺产出高品质、受欢迎的高端酒产品,单位粮食资源消耗所创造的经济效益大大高于同行。同样是3斤半粮食的消耗,五粮液创造的是300多元、甚至更高的价值,而同行最低的只有几元。尽管这种巨大差异的成因是多方面的,但五粮液传统酿酒技艺无疑在其中发挥着十分重要的作用。2005年,五粮液实现销售收入158亿元,成为四川省第一利税大户。根据权威评估机构的科学论证,五粮液品牌价值高达338亿元。1995年—2005年,五粮液品牌价值连续11年位居食品行业第一,成为行业的代表性品牌。

五粮液传统技艺作为中国白酒酿造最为精深和成熟、层次最丰富和细腻的酿造技艺,成为中国白酒酿造的样板,从整体上提升了中国白酒乃至整个酒业的品质和水平。五粮液酒被选定为中国白酒协会评酒的标样,用以检评其他白酒产品的品质和质量。它还吸引业界很多同行前来观摩、学习,发挥了良好的带头作用。

五粮液传统的"五粮配方""包包曲""泥窖固态发酵、跑窖循环、续糟配料、混蒸混烧、量质摘酒、按质并坛"等独特酿造工艺,加上在传统技艺平台上探索、发展起来的"新窖老熟"等技术,代表着中国白酒酿造技艺已经走在了世界的前列。

在传承和研究五粮液传统酿酒技艺基础上,发展并完善了白酒勾兑技艺。五粮液具有最完善的勾兑技术。全国的同行企业大都前来学习五粮液勾兑技艺。五粮液深入研究微生物基泥,致力老窖窖泥的选用与培养,不仅促进了白酒优品率的快速提升,而且以"新窖老熟"技术为支撑,建成了全世界规模最大的年产4万吨白酒的酿造车间,形成了全球最大规模、年产45万吨的生产能力,有效提升了中国酒业在世界的形象和声誉,同时提升了世界白酒酿造业的水平。20世纪80年代以前,在市场经济尚未酝酿成熟时期,五粮液通过派遣专家型人才上门传授经验、研究技艺、解决问题和接受同行企业员工委托培养等方式,支持省内外上百家酿酒企业的建设和发展,对行业和社会经济的发展发挥了重要作用。20世纪80年代以后,凭借拥有一批国家级专家(4名)、省级专家(7名)和精英人才的突出优势,支持中国食品工业协会、中国酿酒协会、省食品工业协会和酿酒协会等组织,每年多次派出专家型人才支持和参与上级组织的酒产品质量检评活动,担当专业人才培训教师,不仅"桃李满天下",也使五粮液传统酿酒技艺在中国酒业发展中发挥了更大的作用。

五粮液是绿色健康的自然发酵食品,已成为当代饮食文化的一部分。作为中国酒业大王和世界最大的白酒生产企业,五粮液谋求和国内外名酒类品牌一起,共建和谐共生的酒业竞争与发展环境,促进全球酒业市场的健康有序发展。

潼川豆豉是四川省三台县最具盛名的地方特产,至今已有300多年的生产历史。三台县东临盐亭、南延射洪、西连中江、北达绵阳,是古往今来重要的水陆码头。据1930年的《三台县志》记载:清康熙九年(公元1670年)左右,邱正顺的前五辈祖先,从江西迁徙来潼川府(今三台县),在南门生产水豆豉做零卖生意。他根据三台的气候和水质,不断改进技术,采用毛霉制曲生产工艺,酿造出色鲜味美的豆豉,因产地潼川而定名"潼川豆豉"。清康熙十七年(1676年)潼川知府以此作贡品敬献皇帝,得到赞赏而名噪京都,列为宫廷御用珍品,进而逐步为全国知晓。传至邱正顺时,便在城区东街开办"正顺"号酱园,年产20多万斤,盈利甚多,人称"邱百万"。

豆豉是我国最早发明以大豆为原料,利用微生物的生理作用而酿造的一种调味佳品。我国最早的《食经》中有记载,北魏的《齐民要术》中,已把豆豉的药物作用作了记载。"潼川豆豉"从邱正顺开"正顺"号酱园至今已有200多年的规模化生产历史。清道光十一年(公元1831年)城内卢富顺、冯朴斋两家,先后从邱家聘出技师在东街开"德裕丰"酱园(现红星小区),老西街开"长发洪"酱园(现酿造厂家属楼),与邱家竞争生产,使得"潼川豆豉"的工艺水平得到了很大的提高。《三台县志》记载:"城中以大资本开设酱园者数10家,每年造豆豉极为殷盛,挑贩络绎不绝"。早有"潼川豆豉保宁醋,荣隆二昌出夏布……""出门三五里,忽闻异香飘。借问是何物?豆豉一大包"等民间歌谣传唱。到1945年城中生产潼川豆豉者已达45家。1951年实行公私合营,各家酱园联合成立公私合营公司,从此潼川豆豉走上了规范的发展道路,到1992年达到销售3000多吨的顶峰。1992年以后,由于经营思路和其他私营企业的竞争,"潼川豆豉"的生产、经营逐年下滑,到2003年已无法维持,于8月进行破产重组,成立了"四川省三台县潼川农产品开发有限责任公司"。"潼川豆豉"的生产又开始走上正常生产轨道,2006年产销近700吨。

工艺特征:"潼川豆豉"是以黄豆为主料,再经毛霉制曲,经自然常温发酵酿制而成的。毛霉菌种最佳生长温度为17~25℃,不耐高温,适宜于每年冬至后到次年雨水前生产,以后转入养护。

产品特点:因毛霉菌生长极为缓慢,制曲时间一般为12~15天,所以菌丝能深入黄豆内部,能足量分解黄豆的纤维组织,故"潼川豆豉"相比其它豆豉,更化渣,氨基酸含量也优于其它豆豉。

历史价值:"潼川豆豉"至今已有300多年的生产历史,据《三台县志》记载,"潼川豆豉"的创始人是"湖广填四川"时从江西迁徙而到潼川府的。该产品列为宫廷御用珍品,先后获得首届中国食品博览会、全国食品大赛、巴蜀食品节金奖。"潼川豆豉"的发展史就是一部地方文化发展史的缩影。营养药用价值:"潼川豆豉"因其自然发酵,后期不添加任何防腐剂而出名,是现在少见的纯天然食品。我国明朝的药物学家李时珍著《本草纲目》中记载:常吃豆豉有助消化,减缓老化,增强脑力,提高肝脏解毒功能,防治高血压等妙处。工艺价值:现在全国仅有"潼川豆豉"一家保存和使用毛霉制曲工艺做豆豉的工艺技术。继续保存、使用、完善这一工艺技术,对我国调味品的制作工艺研究和发展有着重要的科学价值。

"糖画",顾名思义是用糖作"画",四川俗称"倒糖饼儿""糖粑粑儿""糖灯影儿"等。其作法:按比例将白糖和水,再加适量的辅料在小火上熔化,炼制后冷却成淡黄色糖块。制作时将此糖块放入铜瓢或铁瓢(荷叶),加热熔化后,用小铜勺舀起糖液,悬腕运勺,将糖液倾倒在大理石板上浇铸造型,一气呵成。

顷刻间,各种花鸟鱼虫、飞禽走兽及戏剧人物等画图便跃然石上。待糖画凝固后,用一根竹签粘合支撑,拿在手上"观之若画,食之有味"。糖画技艺流行于四川省成都市锦江区及新都、双流、金堂、温江、郫县、都江堰、彭州、青白江、龙泉驿和自贡、泸州、重庆、乐山、内江等地。

四川自古盛产蔗糖,以糖为原料的艺术品独具特点。明代李时珍著《本草纲目》"石蜜"(白沙糖)条说:"以白沙糖煎化,模印成人物狮象之形者为飨糖,《后汉书》注所谓猊糖是也。"这种"飨糖"(猊糖)在四川流传过程中,陆续吸收"皮影""剪纸"等民间造型艺术的表现手法,逐渐形成以块面、线条为其造型特点的"糖画"艺术。"糖画"既是一种糖食,又是一种糖艺术品。清末《成都通览》"成都之民情风俗"条载元旦日街市专售小女儿之"糖饼",即为"糖画"最普通的形式。

据对成都及周边区(市)县40余位艺人师承关系调查,最早的并有众多传人的两位艺人——赵糖饼、戴大爷(名均不详),至今已传6代(见师承谱系表)。据师承表推算,两人活动时间约于清道光九至十五年(1829—1835)间,并在此前已出现了艺人的行会——"太阳会"。因此可断定"糖画"在四川的流行至迟都应在清嘉庆、道光之间(1769—1821)。

艺人将炼过的黄糖或白糖(现在主要使用精加工处理后的白糖)熔化,用一柄小铜勺舀出在大理石板上倒(浇铸)成一个个约五分硬币大小的小圆饼,再粘上一根根细竹签,这就是"糖饼儿"。拿在手上即可食用,满口香甜酥脆,真可谓别有一番滋味在口头。所以人们将此种民间技艺称之为"倒糖饼儿",其名虽不雅,倒的确形象。然而艺人们的技艺远不止于此。他们还能用糖液在大理石板上"绘"出各种精妙绝伦的"图画"来。艺人们坐在摊前,面对光洁如玉的大理石板。执勺在手,静气凝神,运腕走勺,流糖如丝。灵巧的手腕抖、提、顿、放,时快时慢,时高时低,顷刻间各种"图画"便跃然石上,叽喳鸣叫的喜鹊,摇头摆尾的金鱼……一个个活灵活现。那花间闪翅的彩蝶正翩翩起舞;曲身昂首的金龙正奋须怒目,似乎要腾空而去。那憨厚的猪八戒、机灵的孙悟空,引得孩子们拍手欢跳。更有各种戏曲人物故事的画面那才令人拍案叫绝。悲壮缠绵的"霸王别姬",风趣幽默的"陈姑赶潘",忧国忧民的"貂蝉拜月",为爱情奋战的"水漫金山"以及"凤仪亭""战马超",等等,简直是在欣赏川戏的折子戏,只是没有锣鼓丝弦而已。一幅幅画面生动逼真,一个个人物栩栩如生,令人爱不释手。待糖液冷凝后用一根稍粗一点的竹签粘住,拿在手上观之若画,食之有味,受到群众,尤其是儿童的喜爱,因而长传不衰。

糖画技艺在中国糖食艺术史占有一席之地。辛亥革命后,糖画在四川以外的地方逐渐消失,唯四川此种民间艺术却历盛不衰。这与四川蔗糖产量历居全国之冠有很大关系。清代甲午战争后,四川糖业占全国总产量的67%。所以,四川糖画不仅久盛不衰,而且还出现了糖画艺人的行会组织——"太阳会",这在中国糖食艺术史是绝无仅有的。糖画是城乡庙会、集市和各种群众性文化活动中不可或缺的项目。它所浇铸的图案,如龙凤龟麟以及花鸟虫鱼等,反映了民众祈求吉祥、幸福、平安和谐的心理。糖画技艺是四川地区与老百姓生活密切相关、世代相传的民间手工艺之一。具有较高的民俗艺术价值。广大糖画艺人不仅在成都、在四川为群众服务,还远行祖国南北各地献艺,北至哈尔滨,南到广州,更远行日本、德国、法国、荷兰、新加坡、马来西亚等国家进行表演展示,给国际友人送去了甜与美,为国际间的民间文化交流增添了光彩。在一年一度的"成都灯会"上,《文君听琴》《龙凤呈祥》《奔腾》《松鹤延年》《龙腾盛世》《奔向2008》等"糖灯"灯组在展示期间均受到广大游人及国外友人的高度赞扬,均荣获一等奖,"糖灯"艺术并称之为成都灯会的一绝。2006年糖画技艺又成功申报省级非物质文化遗产代表作名录,为弘扬传承传统文化、抢救保护民间技艺再上一个台阶。如今当你漫游蓉城,公园名胜古迹随处都可见到糖画艺术的风采,它将会开得更加绚丽多姿,光彩照人。

羌绣是我国羌民族传统的民间手工技艺,是羌民族传统文化的艺术结晶。羌绣在传统手工技法和色彩运用上有着鲜明的地域特点和民族风格,在四川民间刺绣工艺中有"南彝北羌"之说,可见其已自成体系。羌绣随其民族悠久的历史而有着厚重的民族文化内涵,从茂县、汶川出土的"绳纹"陶罐和龙溪乡阿尔寨等出土的西周青铜器"饕餮"纹样得到证实,在岷江上游的古羌聚居地,世代传承的羌绣早已对此纹样广泛应用。历史记载的"神农之世,男耕而食,妇织而衣",正是古羌人擅长用民间手工技艺来装饰、美化自己生活的真实写照。羌族妇女善于运针走线,拧线织锦,刺绣出了不少佳作,明清时期羌族的挑花刺绣达到了鼎盛时代。羌绣富有原始古朴的传统技法;精巧奇妙的传统构图;绮丽纯美的传统色彩。其羌绣的针法除多采用架花(挑花)外,尚有织字(提花)、纳花(扎花)、撒花(平绣花)、勾花(链子扣)等几种。羌绣图案的题材,大都是反映现实生活中的自然景物,如植物中的花草、瓜果,动物中的鹿、狮、兔、虫、鱼、飞禽,以及人物,等等。所绣景物无不秀丽精致,栩栩如生。羌绣图案的内容多含吉祥如意以及对幸福生活的憧憬和渴望。羌绣构图严谨,多以几何形状为主,整齐匀称,装饰性强。这些装饰性很强的花纹图案,无论是在羌族群众的腰带、衣裙、围腰、鞋面上,或是在妇女的头帕、袖口、衣襟甚至袜底上都随处可见。1997年汶川县绵篪乡的篪头寨被文化部授予羌族地区唯一的中国民间艺术"羌绣之乡"称号。

从羌绣图案装饰中可以窥视出其古老悠久的历史文化。早在新石器时代,草绳包烧土陶制品留下"绳纹"痕迹,这是"结绳记事"原始纹样的开始,至今仍有羌族老艺人称织花为"织字",并以织花腰带上的象形图案为字;从汶川县龙溪乡阿尔寨等出土的西周青铜器"饕餮"纹样得到证实,在岷江上游的古羌聚居地的羌绣早已对此纹样广泛应用,回纹、链子扣、锁子扣、水波纹等都是原始"绳纹"的变形、演绎和发展。追源溯根,从羌绣图案装饰中还可以看到,明、清时代的羌绣工艺集中地体现在挑花、刺绣上,已由单纯古朴的生活服饰升华为精美的艺术品。

主要特征为古、奇、美:①原始古朴的传统技法。羌族的挑花、扎花、织字、勾花等传统技法在发展中流传至今。如挑花按经纬线的纹路纱数线,双纱线为细针,三纱线为粗针挑十字;扎花是在厚形布料上采用装饰手法;织花是编制腰带时常用的提线法;撒花即平绣花的针法;勾花则是采用"链子扣"的传统针法。②精巧奇妙的传统构图。羌绣传统作品的构图按照经纬线的机理,让变形后的点、线、面得到合理应用,使羌绣传统针法得到相对变化,灵活巧妙地表现其抽象化的图案形象。③绮丽秀美的传统色彩。羌绣在色彩的运用上主要特点有:在强烈的对比中求得整体的协调;黑色的底布是统一各种色调的关键;黄色是羌绣图案的中心色彩,有富贵之意,但不可多用;白色在整个羌绣图案中有着灵气之感,特别是"黑""白"主色调的搭配,使画面清丽明快、层次分明,颇有纯朴、典雅之美。

历史价值:原始古朴的羌绣其传统手工技艺承载着远古羌人的文化精神

生活,特别是以"织字"为内涵的提花技法为揭开古羌人的文字之谜有着重要的历史学术参考价值。文化价值:羌绣内容丰富,装饰性很强,结构完整,工艺精巧,具有独特的民族文化研究价值。实用价值:羌绣饰纹图案物象突出,色彩丰富,服饰个性较强加之衣边和托肩等处的纹饰更增强了衣服的耐磨性能,因此延长了使用寿命,有着一定的实用价值,另外,羌绣还具有一定的市场开发潜力和经济价值。

我国是茶叶原产国,四川南路边茶是六大茶类之黑茶的主要品种之一。历史悠久,独具特色。南路边茶是汉藏民族联系的纽带,被誉为"西北地区少数民族生命之茶"。明(1573年)《严茶议》载:"茶之为物,西域吐蕃,古今皆仰信之。以其腥肉之物,非茶不消;青稞之热,非茶不解,故不能不赖于此也。是则山林草木之叶,事关国家政体之大,经国君子固不可不以为重而议处之也。"南路边茶制作技艺的传承弘扬,具有非常高的实用价值。

迄今为止,雅安南路边茶仍然是藏族同胞的日常生活必需品。一千多年的饮用实践证明:边茶可为高原生活的人们补充各类维生素、微量元素、水分,促进摄入体内的牛、羊肉、奶酪等高脂食物的分解和消化;有抗高血压、高血脂,清除胆固醇沉积等作用;还有抗高原缺氧和抗高原辐射的作用。

在南路边茶制作过程中,通过多次高温渥堆发酵、加湿加温反复揉捻(馏)等独特工艺,促进茶叶中多种有益物质充分转化、氧化、分解、聚合、繁殖、稳定,促进儿茶素、咖啡碱、维生素、蛋白脂、有机酸以及多种真菌类物质等有益成份增加,使边茶的营养价值更高,药理功效更显著。温胃、正气、解毒、解腻、促进消化、帮助睡眠,对抑制肥胖症、高血压、高血脂等现代高发病具有很高的实用价值。通过传统制作技艺的挖掘、保护、弘扬,确保南路边茶产品质量。为民族同胞提供优质边茶不仅可以保障藏族同胞的身体健康,还能促进民族团结,共建和谐社会,维护祖国统一。

近年来,边茶生产企业运用南路边茶制作技艺基本原理,研制开发"藏茶"产品,推行"边茶内饮""藏茶汉饮"的发展战略,促进边茶制作这个中华传统文明成果,为新时期各族人民服务,目前已取得初步成果。

雅安南路边茶经过一千多年的传承发展,随着社会进步和市场变化,边茶消费也呈多元化趋势,研究传统工艺,保护、弘扬、继承,加快新产品、新工艺研发速度,降低生产成本,是南路边茶健康、持续发展的必然要求;目前,藏区边茶市场竞争激烈,各级政府高度重视。究其原因主要是一些厂家技术力量薄弱,工艺传承不全所致。严格加工工艺、保证产品质量、管好消费市场、保护消费者权益,是值得研究并切实加以解决的社会系统工程。按传统制作技艺加工的南路边茶品质非常优异。迫切需要用现代科技手段进行分析,探寻运行规律和基本原理,使其在更大领域范围为人类服务。如微生物作用机理、生化作用机理,包括茶多酚、蛋白质、糖类、香气物质、咖啡碱等物质在加工中的转化、运行规律都值得深入研究。一千多年来,边茶为生活在高寒、缺氧、强辐射等恶劣自然条件下民族同胞的强健体魄发挥了不可磨灭的作用。开展边茶保健作用研究、探讨加工工艺对边茶保健作用的开发、影响,充分发挥传统及潜在的功能优势,非常重要。边茶氟含量问题是当前我国茶学界、食品卫生界的焦点问题之一。氟对人体的影响?茶叶氟含量指标多少为宜?加工制作过程中氟含量有无变化?怎样加工既满足传统需求又符合低氟要求的绿色边茶?是亟待研究解决的问题。实行食品市场准入制度,对边茶企业实行QS认证,是标准化管理对传统手工制作技艺的巨大冲击。在符合食品加工企业基本要求的条件下,保护、弘扬、发展传统制作技艺,是摆在边茶加工企业面前的又一重大课题。

南路边茶制作技艺经千百年的传承、演变而形成,为雅安主产区所独有。"雅茶"在藏区的销售数量及品质优势非常明显,在藏族同胞心目中享有良好的信誉和牢固地位。2001年,西藏民营企业直接投资雅安名山,新建西藏朗赛茶厂,传承雅安南路边茶制作技艺生产边茶,全部销往西藏各地,产品供不应求。

第四节 传统曲艺

四川多处汉墓中出土的"说唱俑",唐诗中"看蜀女转昭君变"记述的"转变",广元南宋墓出土的伎乐石雕"唱赚"图,明代"抚琵琶说往事者"的记载,清代中叶《锦城竹枝词》中记述的迄今为止还存在的不少唱曲曲种,足以证明四川曲艺唱曲艺术的历史源远流长。

明末清初的大规模移民,给四川带来了各地的民风民俗,成就了四川扬琴独特的表演样式、丰富的表现内容和珍贵的音乐资源,它扎根于四川各大中城市,历代深受广大人民的喜爱,而使之代代相传,具有鲜明的市民文化特色和地方特色,在民俗学、乐律学、文学、传播学、民族声乐等各个文化领域都具有极其重要的价值。

四川扬琴的"钟律调弦法"对中国乐律学研究有极其重要的价值。四川扬琴主要伴奏乐器——传统扬琴,是两排七桥蝴蝶型扬琴,其调弦法是中国古老的"钟律调弦法"。"钟律调弦法"是一种特殊的调弦方法,它与湖北1978年出土的曾侯乙编钟"甫 页 曾 体系"的钟律生律法相同。先秦钟律在秦代已失传,四川扬琴"钟律调弦法"的发现,引起国内外有关专家的强烈反响。

四川扬琴"清商音阶"的特殊构成,具有民族音乐理论"宫调研究"的重要价值。"清商音阶"是中国古代的音阶形式,其存在在中国乐学界一直备受争议,"清商音阶"在四川扬琴唱腔中的发现,是证明"清商音阶"存在的重要实例。

四川扬琴的润腔手法独特,其"疙瘩腔"等演唱特色是全国独一无二的润腔手法,对民族声乐研究有其独有的价值。

四川扬琴曲本(唱词词本),具有重要的文学研究价值。"三国文化"是巴蜀文化的重要组成部分,"三国文化"自然也成为四川扬琴的重要内容。四川扬琴有全本《三国演义》曲目,是研究"三国文化"不可或缺的重要资料。四川扬琴文辞典雅,具有很高的文学性。在四川,扬琴形成和发展受到了戏剧艺术的影响(包括音乐和文辞),四川扬琴玩票者又多是具有相当文化素养的文人,因此四川扬琴的文辞具有优美典雅的特征。清末民初著名戏剧作家黄吉安为四川扬琴撰写了26个词本,其文辞华美典雅,历来被众多戏剧家、作家、诗人所珍视,专称为"黄本",具有极高的文学价值。四川扬琴的形成和发展得益于外来文化的影响,它大量吸收了戏曲、民歌以及其他曲种的各种元素。(如分角坐唱——四川扬琴分生、旦、净、末、丑行当,以第一人称代言体演唱的独特性,在全国曲艺众多曲种中极为少见)因此四川扬琴具有传播学和民俗学研究价值。四川扬琴器乐曲牌《将军令》《闹台》等,是全国各大音乐院校扬琴演奏专业学生的必修曲目,也是民族音乐会上经常演奏的扬琴独奏曲。

四川清音流布于四川汉族地区,曾称"唱小曲",因演唱时多用月琴或琵琶伴奏,又叫"唱月琴""唱琵琶"。四川清音是唱的曲种,由一位演员执檀板击节站立演唱,琴师或小乐队伴奏,有时兼作帮腔。四川清音形成于明末清初。当时,四川经历了频繁的战乱和严重的灾荒与瘟疫。康熙、雍正、乾隆年间(1662—1795),"招两湖、两粤、闽、黔之民实东西川,耕于野"(《清圣祖实录》)。朝廷有计划地向四川大量移民,各地移民带来的乡音小曲,被四川唱曲艺人吸收,丰富了四川清音的唱腔和表演。

四川清音在吸收各地唱曲并与本地方言相融合后,至道光年间,已发展得比较成熟。乾隆、嘉庆年间(1736—1820),随着商贸活动日趋频繁,长江中、下游一带的唱曲艺人,随商船溯江入川行艺,沿江商埠如万县、重庆、泸州等地唱曲卖艺甚为流行,促进了四川清音的发展。从四川清音曲牌中,可以看到它与省外许多地方的民歌小调的血缘关系。至此四川清音已基本定型的唱腔可分为"大调"和"小调"。"大调"即勾调、马头调、寄生调、荡调、背工调、越(月)调、反西皮调、滩簧调(艺人习惯称之为"八大调")。唱腔结构有曲牌体(含联曲体、单曲体)和板腔体,共拥有200余支曲牌。

四川清音历史悠久,是古老的四川民间说唱艺术。四川清音无论在四川的城镇还是乡村,都曾经是四川民众深爱的艺术形式,具有深厚的群众基础,因而它有着鲜明的大众性的特征。

具有上述特征的四川清音其重要价值表现在以下几个方面:四川清音具有很高的历史文化和学术研究价值。四川清音是古老的四川民间说唱艺术,也是巴蜀历史文化的传承载体。四川清音曲目众多,文学体裁丰富,内容涉及面广,保存了大量四川各个历史时期和阶段的人文信息及民风民俗,具有历史、文学和民俗学研究价值。

金钱板形成于清代。清宣统年间的《成都通览》上刊印的金钱板图,题名为"打连三"。民国初期才被定名为"金钱板",民国时期还有"金签板"等名称,艺人行话称为"夹夹"。金钱板由三块竹板组成,艺人一手执打板,一手执底板和面板,通过三块竹板击打出各种板式和节奏为艺人演唱伴奏。金钱板的表演又说又唱,最初只是以简单的唱腔唱诵"劝世文",艺人沿街叫唱以求生活。后经历代艺人不断发展改进,逐渐成为独立曲种。金钱板的唱腔有老调、狗撵羊、富贵花、红衲袄、满堂红、江头桂等。金钱板曲目丰富,经典的传统曲目有"三打五配",即《打董家庙》(即《武松传》)、《打洞庭》(又名《打铁山》)、《打毗芦荡》(即《乾隆访江南》)和《胭脂配》《芙蓉配》《龙凤配》《金婵配》《节孝配》,以及《闹雅安》《嫌贫传》《蓝大顺起义》《瓦岗寨》《包公案》《说岳传》等。金钱板艺术是巴蜀历史文化的传承载体之一。从现存的金钱板专著和传统曲目唱词资料,我们可以了解到巴蜀大地的风土民情、历史事件和风云人物,可以说金钱板以它特有的方式记载和传承了巴蜀历史文化,体现了它特殊的历史文化价值和学术研究价值。特别值得一提的是,为表彰金钱板艺术家邹忠新在金钱板艺术上做出的特殊贡献,中国曲艺家协会在2006年授予邹忠新"中国曲艺牡丹奖终身成就奖"。

"金钱板"由最初称为"玉子板"的两块金属板而演变成四块相连的竹板,称之为"莲花板",以后又在"刮子板"(竹板一侧制成锯齿状的打板,演奏时可发出弹音)基础上才定型为三块竹板,传说三块竹板寓"天才、地才、人才"之意,故称"三才板"。随着"三才板"的定型和打板技巧的进步,艺人们在竹板上雕出空格,嵌上铜钱或金属片,打板时既有竹板声又有金属声。清道光末年至同治末年(1850—1874),金钱板艺人中出现了刘宝山(涪陵人)等名家。到光绪年间(1875—1908),又出现了川南的杨永昌(原籍涪陵,行艺川南)、川西的童仲良、川北的吴云峰等名家。他们都各有一套自己的独特打法、唱法和演法。艺人们在演出中不断改进提高技艺,如杨永昌引入川剧曲牌"江头桂";张兴武、张相如、叶青山等,把武术拳脚功夫"打遍马""踢尖子"等姿势引进金钱板的表演中。金钱板曲目内容也逐渐由唱短篇劝世文,发展到说唱中长篇故事。清末民初,一部分金钱板艺人已由街头巷尾逐渐进入了茶馆书场。民国元年(即公元1912年)《成都时事通俗画报》刊有题名为《警察驱逐金钱板》的时事漫画,可知当时金钱板盛行。其时金钱板从业人员增多,艺人成立了行会组织"金音乐(读luo)贤会"。每年农历十月一日办会,在演唱中,各显其才,形成了不同的风格和流派。比如花派板式打得花,打得闹热,善于撕"花口"(近似相声的抖"包袱"),逗人发笑,另外还有清派、杂派等。中华人民共和国成立后,各地成立的专业曲艺演出团队中,均有金钱板这一曲种。20世纪50年代至60年代,金钱板这一曲种人才济济,其中最为出色者是成都的邹忠新,他善于吸收各派之长,能创作、善表演,整理了金钱板的打谱和唱腔,还出版了《金钱板表演与写作》《金钱板书帽集》《武松传》《岳飞传》《蟠龙套》等专集。

第一,金钱板具有鲜明的平民艺术的特征。中华人民共和国成立以前,金钱板艺人大都过的是流浪生活,他们社会地位低下,没有资格登"大雅"之堂献艺,只能在各地乡镇和城市贫民聚居地如集市、茶馆、客栈、码头等地方演唱,而基本观众则是生活在社会底层的劳动群众和平民百姓。金钱板唱词有的是根据章回小说或历史故事如《岳飞传》《武松传》等,民间故事如《闹雅安》《胭脂配》等,民间传说如《嫌贫传》等改编的,有的则是根据社会时事和社会生活中各行各业、市井小巷、穷乡僻壤中发生的事情随编随唱的如《瞎子算命》《货郎子》等,有不少作品在伸张正义、惩恶扬善如《冤枉传》《乌鸦案》《黄鳝案》《南瓜案》《沉香扇》等,揭露黑暗、鞭打腐朽如《周秃子挨茶碗》等,顺应时势代表民心的如《杀赵尔丰》《枪毙杨鹏举》《卢沟桥事变》《六十年国耻》,等等。综上所述,金钱板具有鲜明的平民艺术这一主要特征。

第二,金钱板具有较为广阔的地域性的特征。由于四川方言与贵州、云南、湖北、重庆等省、市的方言很接近,且地理位置相毗邻,在经济、文化诸多方面一直有着良好的交流,金钱板艺人们的足迹几乎遍布这些地区的城乡市井,金钱板艺术流传到这些地区被当地民众接受和喜爱。

第三,金钱板具有艺术上的开放性和兼容性的特征。金钱板艺术在其发展过程中,为丰富自身艺术表现力,合理地将其他艺术形式里有利于自身发展的因素融于自己的体系中。例如,在唱腔上,它以川剧高腔为基础兼收并蓄四川民间歌唱(如四川民歌、山歌、号子)、昆曲、胡琴、灯戏、弹戏等曲调,创造了在丰富多彩的板式配合下唱腔的和谐美。正是这种开放性和兼容性促进了金钱板艺术的发展。

第四,金钱板在唱词上具有口语化的特征。

(1)历史文化和学术价值。金钱板以它特有的方式记载和传承了巴蜀历史文化,传达了四川各个历史时期和阶段的人文信息及风土民情,具有历史、文学和民俗学研究价值。

(2)金钱板是古老的四川民间说唱艺术,是典型的"俗文化"的代表,具有社会公认的艺术价值和社会价值。

（3）金钱板是人民群众所喜闻乐见的艺术形式，是四川乃至中国西南地域弥足珍贵的财富。金钱板演出形式灵活轻便，演唱内容更新迅速，它在文化导向、精神文明建设、创建和谐社会等方面有着不可低估的作用，因此，在保护的前提下，有合理开发利用价值。

第五节　特色舞蹈

羌族羊皮鼓舞，羌语称"莫恩纳莎"或"布滋拉"，属羌族民间祭祀舞蹈。主要流行于四川省阿坝藏族羌族自治州汶川县的龙溪、雁门、绵篪等地，其中以龙溪乡阿尔村的巴夺寨最具典型。有关资料记载：汶川古为冉马龙地，唐虞为氐羌，西汉武帝"平西南夷"后，于元鼎六年（公元前111年）以冉马龙之地设置汶山郡，距今已有2130年的历史。《蜀王本记》有"禹本汶山郡广柔县，生于石纽"，史有"禹兴西羌"一说，此地因多有"禹迹"，故传说此地乃大禹出生之地。羌族人拜大禹为祖先英雄神，羌语称"大释比"。"释比"是羌族最高文化的传承人，他们不仅是历史文化的传播者，还是民族的歌唱家和舞蹈家，他们在文化传衍活动中承载着至关重要的作用。在每逢春耕之际的"祭山"活动和"羌年"（农历十月初一）活动时，由羌族"释比"为领舞者的羊皮鼓舞队，击鼓而舞，以祀万物。特别是"羊皮鼓舞"中的蹉跳步、踮跳步和商羊腿跳转步与晋代葛洪在《抱朴子》中记述的"禹步"极为相似。这种主要以"天人合一"为核心理念形态的民间舞蹈，极其有利于人与自然的和谐发展，因此，羌族民间祭祀活动中的"羊皮鼓舞"至今仍在羌族生活中发挥着重大的教化作用。

羌族以心传口授的独特方式记录自己自古以来独特的民族文化历史，而传播者正是自己民间的艺术家"释比"。他们在演唱的"释比经典"即《羌戈大战》中的南迁、《木姐珠与斗安珠》中的天婚之缘、《赤吉格朴》中的人与自然都有关于羊皮鼓的渊源之说，"释比"们在演唱中还必须手持羊皮鼓的法器道具舞蹈。《诗经》记载"天降大雨，商羊起舞"，从祈雨活动中多有的"商羊步跳击鼓"可窥其舞迹。"羊皮鼓舞"应是经羌族所信奉的原始自然崇拜的影响和作用油然而生的。羌族生活中的"万物有灵"自然崇拜盛行久远,北魏时郦道元《水经注》记载"戎俗父母死,耻悲泣,皆骑马歌呼"。源于这种风俗,汶川县志曾载"羌民丧葬有'闹丧曲',互相舞蹈,以示悲欢,盖古风尚存也",在这些民俗活动中释比们所跳的"羊皮鼓舞"贯穿始终。由此可见,羌族民间祭祀舞蹈"羊皮鼓舞"至今仍保留着"以舞祀神""以舞娱神"的原始舞风。

(1)舞蹈动律组合特征:沉稳、敏捷、粗犷、虔诚。即胴体稳而沉地轴向转动与上身拧倾的韵律特征这两种韵律均伴随屈膝颤动,借此带动手中羊皮鼓做各种舞动,如"蹲步跳推击、晃击鼓""商羊步跳击鼓""蹉步跳击鼓"等,整个舞蹈始终贯穿祈祷虔诚之情。

(2)舞动与道具的特征:因羊皮鼓是舞者必备的法器道具,所以对舞蹈起着一定的限制作用。鼓大而沉,舞动较为费力,舞者击鼓动作只能靠身体的摆动而转动并伴以屈膝颤动上下起舞,故而形成了羌族羊皮鼓舞区别于其他民族鼓类舞蹈的独特风格。

(3)舞蹈节奏型特征:"羊皮鼓舞"只有鼓声的鼓点节奏、响盘(铜铃)两种打击乐器敲奏不同音响节奏组合作为伴奏。节奏型有2/4慢或平缓型节奏,主要用于单一动作的祈祷祭拜和烘托古朴神秘的气氛。3/4中速或稍快的节奏型,主要用于腿部动作变化的力度和速度,以紧凑的鼓点节奏显现避邪祈神保佑的意境。

"羊皮鼓舞"是羌族"释比"文化的重要载体和表现形式之一,是羌民族生活习俗中必不可少的文化精髓和文化传承群体,因此,"羊皮鼓舞"对羌民族的历史文化具有重要的研究价值。艺术价值:"羊皮鼓舞"对古代巫舞文化的"禹步"及探寻远古氐羌部族舞蹈文化的渊源、传衍、流变、发展具有重要的学术研究价值。社会价值:"羊皮鼓舞"在对羌民族社会生活的教化作用中,能起到一定的构建和谐生态环境的积极作用。

"翻山铰子舞"与古"巴渝舞"同出一脉,均起源于"公傩戏",多为祭祀所用。"铰子"经过历史演变,逐渐成为舞蹈表演的一种道具,其历史至少可追溯到清咸丰七年,即1857年,之所以称为"翻山铰子",是因为表演时"铰子"或上下翻飞或左右敲击,或是甩过头顶或是绕过腰膝,形同翻山越岭而得名。清朝末年,龙岗乡最著名的铰子艺人陈朗全和他的徒弟苏永太、李明亮对铰子进行了大胆的改造,才逐渐在婚嫁、寿诞等各种喜事中广泛使用,用来烘托喜庆热闹气氛。这时的饺子便完全脱离了它原来的功能,成为了一种"跳喜不跳丧"的民间乡俗,当地有"离了和尚不念经离了饺子不成亲"的说法。中华人民共和国成立后,在搜集民间舞蹈的过程中,被重新挖掘、整理,并被收入《中国民族民间舞蹈集成·四川卷》。四川汉族民间舞有39种85个节目,《翻山饺子》就是其中之一。通过恢复,曾盛极一时,龙岗乡也在1991年被命名为全省的"翻山饺子舞之乡",但由于时代的变化,近年逐渐淡化,有失传之势。

主要特征:①由于发源于祭祀等民间活动,形成了对当地民间习俗的依存性特征;②在长期参加婚嫁、寿诞和其他礼俗活动中,形成了相对固定和成熟的招式,并根据不同活动及活动的不同阶段形成多种礼仪;③既有源于对古代巴人舞的继承,也有对戏曲、曲艺、杂耍的借鉴,还有对当地民间吹打乐的直接引进,因而具有当地舞蹈、音乐、戏曲、曲艺、杂耍的多种特征,豪放粗犷,节奏明快,具有很强的可观性;④道具单一,音乐简朴,表演场地随便,气氛热闹、喜庆,深受当地老百姓欢迎;⑤翻山饺子已不单纯是一种舞蹈表演,而是综合了民间习俗、礼仪、音乐、舞蹈等多种表现形式的文化现象。历史价值:翻山饺子几经演变,成为古巴渝舞的一种,据《汉书》记载:"巴渝鼓动员,三十六人","退若激,进若飞。五声协,八音谐"。在古巴渝舞中独树一帜。该舞秉承了巴渝舞遗风,源于巴,兴于汉,盛于明、清、民国。为研究巴人文化和中华文化保留下的一块极其生动的"活化石"。它对于研究巴人、巴国、巴文化具有独特的历史文化价值。艺术价值:翻山饺子是中华汉民族舞蹈中十分独特的民间舞蹈表演形式和风格,与其他民间舞蹈有着极大的差别,它以丰富的舞蹈语汇,鲜明的地域特色,粗犷豪放的表演风格动静结合,表现形式以及独具特色的音乐旋律成为了现代舞蹈、音乐、艺术的有效养份。现实价值:抢救、保护和发掘翻山饺子,所增强民族的自信力和凝聚力,对研究巴人文化具有相当高的科研价值,保护和弘扬为广大人民群众所喜爱的翻山饺子能丰富当地人民群众的文化生活,提高人民群众的文化素质,促进和谐社会的建立。

新龙锅庄不仅仅是新龙文化的典型代表,还是康巴民间歌舞的典范,在民间有"知巴塘弦子者,皆晓新龙锅庄"的说法。就其类型而言,大致可分为上瞻锅庄、中瞻锅庄和下瞻锅庄三类。这三种类型的锅庄,既体现出新龙锅庄风格的基本一致性,又存在着一定的差异。这在其他地区的锅庄中是少见的。新龙锅庄的主要特征具体表现在鲜明的地域性、突出的人文内涵、舞蹈动作和舞蹈音乐独具个性,其历史价值与文化价值十分突出。

新龙锅庄历史悠久,至少可以追溯到我国南北朝时期,至今已有大约1500年的历史。据《北史·附国传》载:"附国人好歌舞、鼓簧、吹长笛。"据专家考证,今四川省甘孜藏族自治州绝大部分地区,在南北朝时期,均属附国范围。新龙县自然包括其中。新龙县锅庄原形于古羌文化的土风民间祭祀舞。唐代,随着吐蕃势力的东渐,古羌文化渐为吐蕃文化所融,新龙锅庄在藏族文化的熏陶下,逐渐成熟,由古羌文化的土风民间祭祀舞逐渐演化成藏族典型的锅庄圆圈舞。在清代中后期,又借鉴和融入了西藏的一些歌舞,使新龙锅庄逐渐走上成熟。新龙县地处四川省甘孜藏族自治州中部,素有"康巴肚脐"之称,是甘孜州唯一不与州外县接壤的"内陆县"。在历史上由于交通不便,故十分闭塞,从而使独具特色的新龙锅庄得以保存,并成为当今新龙民族文化的一大品牌,亟待人们去加以抢救和保护。

历史价值:新龙锅庄根据历史记载,大约已有1500余年的悠久历史。新龙锅庄发展至今,大约经历了如下几个发展阶段。一是公元8世纪以前,新龙锅庄还属于部落文化的古羌之地,这时的民间祭祀性土风舞便是新龙锅庄的雏形。二是新龙地区的古羌文化与吐蕃文化逐渐融合,在藏族文化逐渐占主体地位的情势下,新龙锅庄也逐渐发展成熟,成为藏族锅庄的组成部分,具有鲜明的藏文化特点。这些都在新龙锅庄的表演形式、舞蹈动作、曲调和歌词中得以充分体现。但是,雏形时期的原始风貌并未完全消失,依然有所遗存。及至公元19世纪初期以来,由于历史的原因,新龙锅庄又分别吸纳了西藏一些地区的歌舞形式,致使新龙锅庄内部发生了一些变化。例如绕鲁乡地区著名的锅庄传承人普巴登孜曾祖父尼玛泽仁,曾受上瞻土司的委派,前往西藏学习歌舞,返回后曾对当地的锅庄进行了一定的改编,从而形成了后来的上瞻锅庄风格。在今如龙镇,自1865年后的近半个世纪中,是西藏代本管理新龙的驻牧之地,所以中瞻的锅庄亦受到西藏踢踏的影响,形成锅庄的中瞻风格。中华人民共和国成立以后至今半个多世纪里,新龙锅庄以如龙镇为主体,也逐渐融入了现代藏族歌舞的成分。新龙锅庄1500多年的文化变迁推动了新龙锅庄的发展,反过来新龙锅庄又见证了1500多年来新龙的历史与文化。文化价值:锅庄,是一种在我国少数民族中集舞蹈与歌曲为一体的艺术形式。新龙锅庄在康巴众多锅庄中独树一帜,成为康巴锅庄的一大品牌。一方面,新龙锅庄是新龙民众参与性最强,也是最喜闻乐见的艺术形式。无论是人们过年过节、耍坝子、婚礼中、丰收之时,都要参与其中,自娱自乐,成为人们精神生活中不可或缺的重要组成部分。并沿袭着古老的习俗世代相传,成为新龙民族文化一道亮丽的景观。另一方面,新龙锅庄作为一种艺术表现形式,其纷呈复杂多变的舞姿,浪漫而又朴实,优美而又动听的曲调,充满诗情画意的歌词,加之上、中、下三瞻各具特色的锅庄类型,其艺术价值自然不言而喻。

"博巴森根"(藏语为"狮踞龙盘的藏族人"之意)是四川省阿坝藏族羌族自治州理县甘堡村所独有的嘉绒藏族五屯锅庄,即以嘉绒藏区的四土锅庄形式表现清道光年间(1840—1842年)五屯(今理县所辖杂谷、甘堡、上孟、下孟、九子等地区)的藏族历史文化与独特的习俗生活。甘堡村("甘堡"一词系藏语"gang pu",译意为"山坡上的村落")位于理县甘堡乡,西南距县城9千米,东北距成都193千米,南临国道317线,是阿坝藏族羌族自治州嘉绒藏族地区最大、最集中的农区藏寨,迄今有2000多年的历史,并以其独特的民居建筑文化、嘉绒藏族文化和屯兵历史文化引为世人的关注。我国著名的舞蹈家戴爱莲老师早期表演的舞蹈《嘉绒酒会》,就是舞蹈家彭松老师当年在此地一带采风而创作的。该民间舞既沿用了嘉绒藏区古老的四土锅庄(我国藏舞有西藏的踢踏,巴塘的弦子,四土的锅庄之著称)的基本特点和形式,又将独特的藏族屯兵纪念仪式融为一体,形成了"先舞后叙"的嘉绒五屯锅庄表现形式,独具地方特色。

据《理县志》史料记载:清乾隆十八年(1753)改土归流,设甘堡屯,置守备、千总、把总、外委等官职。道光二十一年(1841)十月,清政府在松潘、理番(今理县)二直隶厅驻军和屯兵中挑选1500名前往江浙抗击英军。藏、羌屯士兵皆英勇奋战。理番屯兵不熟悉水战,不服江浙的水土,加之长途行军和鏖战,英勇战死或染疾去世者甚多。因此,回到家乡的屯兵为纪念他们在东南沿海抗击英国侵略军的历史而与嘉绒藏族古老的四土锅庄相融而创作了"博巴森根"锅庄舞,一直沿袭至今。

历史价值:"博巴森根"是嘉绒藏族地区甘堡藏寨所独创的民间舞蹈,它不仅在一定的历史时期传承、发展了古老的嘉绒藏族四土锅庄文化,还通过这种表演形式反映了厚重的藏族屯兵历史文化。

艺术价值:"博巴森根"独具地方特色,其表现形式即"钻""扭""解"的构图形式与"先舞后叙"的锅庄结构形式,具有独特的艺术价值。

社会价值:增强民族的凝聚力,弘扬爱国主义民族精神,具有一定的社会价值。主要特征:①舞蹈特征:"博巴森根"既沿用了四土锅庄古朴、典雅、简单、明快的连臂"点踏跪蹲步""点踏绕手转""跑踏步"等动律特点,又在表演形式中创造了"钻""扭""解"等舞蹈队形构图表现形式,并独创了由领舞者"先舞后叙"的锅庄结构表演形式;②歌唱旋律特色:"博巴森根"曲调简洁明了,形式多样,有领唱,有齐唱,有叙事性独唱。第一段曲调为民族调式中的"商"调式,唱腔旋律深沉,节奏缓慢,曲调中饱含悲壮和追忆的情感;第二段曲调为民族调式中的"宫"调式,叙事性强烈,旋律震撼人心,节奏铿锵有力。

黄龙溪位于三县交界之地,距成都市区 42 千米,历史悠久、风景优美,是一座拥有浓厚文化底蕴的川西水上古镇,有着丰富的自然景观和人文旅游资源,2004 年、2005 年分别荣获全国环境优美乡镇、首批省级历史文化名镇、省级风景名胜区的殊荣。"烧火龙"是古镇最驰名、最具民间韵味的传统群众文化活动。1996 年被文化部命名为"中国民间艺术——火龙之乡"。"火龙灯舞"起源于南宋,按民间信仰的"蛇身、鹿角、虎眼、牛耳、象腿、马鬃、鱼鳞、兽须"等吉祥之物,创造了"火龙灯舞"这一民间表演艺术。为了使火龙表演更神奇绚丽,故研制了独特的火药,其热量低、火花艳丽、火龙流长、喷射有力,可烧龙灯又可烧舞龙者之身。因此火龙灯舞是融龙、灯、舞、火焰于一体的神奇、美妙、惊险的艺术表演。"火龙灯舞"历史悠久、流传甚广,逢年过节及兴典盛事都有舞龙风俗。其场面壮观:宫灯、排灯、牌灯开道前行,伴着乐器声,龙身随龙头起伏摆动做出相应飞舞姿态,烧花人对准队伍进行烧花,场面华美绚丽。"火龙灯舞"极具浓郁的川西地方特色,既丰富了当地群众的文化生活,反映了川西本土民俗风情和乡土文化,也是展现川西地区古蜀文化风采的一道风景线,是川西地区保留较为完整的民俗群众活动之一,对于传承优秀民族文化,弘扬中华民族精神,妥善保存民族文化遗产,建设社会主义新农村文化都有着不可估量的价值。

黄龙溪"烧火龙"源于东汉,盛于南宋,在南宋时期创作了"火龙灯舞"。经过对火龙灯舞的扎制、装饰、舞姿、配乐、表演程式的完善,到元朝广为流传,世代相传,构成了今天的"火龙灯舞",是古老龙灯会中的一项大型民间文化活动。"岁岁春节烧火龙,烟花遍地乐融融;一任火焰高百尺,龙腾人欢气势雄。"便是烧火龙的真实写照! 烧火龙作为古镇最驰名、最具民俗韵味的传统群众文化活动,据《仁寿县志》《华阳县志》载:建安二十四年,"黄龙见武阳赤水,九日方去",先民们又据民间流传的关于主宰光明与黑暗的"烛龙"与主管风雨的"应龙"神话及"龙生九子"的故事,在"舞龙"这个图腾文化的基础上,创造了具有民族民间特色的"火龙灯舞"——"烧火龙"。

重要价值:舞龙在中国历史久远,流传甚广,从南到北,从乡村到城市,逢年过节及兴典盛事都有舞龙风俗。黄龙溪火龙灯舞表演十分壮观,龙身随龙头起伏摆动做出相应飞舞姿态,烧花人员一齐点燃烟花,对准火龙或舞龙队员,舞龙队员精神抖擞,观众中爆发出一阵阵欢呼,赞赏声,整个场面欢声雷动。"烧火龙"具有浓郁的川西地方特色,丰富了当地群众的文化生活,反映了川西本土的民俗风情和乡土文化,展现了川西地区古蜀文化风采,是川西地区保留较为完整的民俗群众活动之一,其对于传承优秀民族文化,弘扬中华民族精神,妥善保存民族文化遗产,建设社会主义新农村文化都有着不可估量的价值。1996年获文化部民间艺术(火龙)之乡。2001年9月参加北京第二十一届世界大学生运动会闭幕式演出,应邀到安徽、海南、长春、云南等地演出,参加成都市第九届、十届运动会和省九运会。

第四章 外语经济学视角下的四川非遗文化外译策略

由于语言文化的差异,现阶段四川非遗文化遗产的翻译缺乏多角度指导性的翻译理论,这在一定程度上阻碍了外国友人对四川的了解和四川非遗文化的全球化传播。非遗文化翻译的经济价值集中体现在译文的表意功能或者起效手段在读者头脑中产生某种正面的吸引效果——文化好奇或文化共鸣,并在这种吸引效果的驱动下而采取一些相应的经济行为。因此,译者必须综合考虑读者对源文化的接受能力和排斥程度,采取适当的翻译策略,保证区域文化翻译的艺术性和科学性,扩大外宣的经济成效,即实现经济收益的最大化。

通过外语经济学视角研究四川非遗文化外译的意义在于:①在中华文化"走出去"和"一带一路"的战略背景下,通过四川非遗文化外译的经济学研究,能促进四川非遗文化的国际化进程,提高四川地区文化的国际影响力,促进四川地区文化相关产业的发展。实现语言资源共享,节约外宣运营成本,提高地区经济效益,同时增进四川地区民众对本土传统文化的自信感。②丰富外语经济学的理论研究。外语经济学属于21世纪新兴边缘学科,羽翼未满。外语经济学概念提出之后,学者还没有将外语经济学理论细化,理论亟待建设。本课题将理论运用于翻译实践,从而深化理论研究。③多学科融合,为译学发展提供新的视角和思路。研究成果运用于新形势下的翻译教学和研究工作,有助于培养优秀的译者。

第一节 外语经济学

在语言学形成和发展过程中,包括索绪尔在内的语言学家都认识到语言与相邻各学科的关系,甚至提出要做到和其他学科相互交融。但是,几乎所有的语言学家及其研究内容,大多是以语言学自身要有独立的、自足的、系统的学术理论为出发点和落脚点。一方面,提出语言学研究的一项特别任务就是应与其他学科相互交融,但又设定了一个前提:语言学自身必须首先要有独立的、自足的、系统的学术理论,小心翼翼地不去碰撞语言在社会进步和经济发展中的作用这条"红线",认为不这样就无法轻装上阵,深入语言的内部系统,意在竭力维护语言学自身;另一方面,在整个语言学研究过程中,随着研究的不断深入,人们都认为语言渗透于人类物质和精神生活的方方面面,这就是说语言在其他学科中具有语言学家没有研究但又使人们无法回避的作用,或许他们认识到了这一点,或许他们出于维护语言学研究的独立性而有意回避,所以整个语言学研究既不更多牵涉其他学科也不对其进行更深关联研究,从而使语言学研究尽量不被其他学科所"过问"。

应用语言学的概念极其宽泛,其研究领域极其广阔,刘涌泉先生把应用语言学定义为"研究语言在各个领域中实际应用的学科",后来又在《应用语言学》中补充说"应用语言学是语言学知识在各个领域中各种不同应用的总称,它研究语言如何得到最佳利用问题"。各国学者的研究各有侧重:有的学者限于研究语言教学,有的学者限于研究计算机信息处理,有的学者研究英语教学等。尽管如此,应用语言学有狭义概念和广义概念之分,从严谨的学术角度来看,两者彼此的内在联系似乎不是那么紧密,好像是两个截然不同的概念,说明应用语言学研究的发展历程,更说明应用语言学的研究似乎缺少严谨性、科学性、系统性,如果同语言学的概念进行对比,就能够完全证明这一点。同时,它所采用的研究方法基本上属于传统研究方法,即语言内部因素研究。而且,虽然逐步扩展到了很多学科当中,初步形成了一门广义的交叉性、边缘性学科,但就其研究范畴而言,还没有将其引入到经济领域,好像语言与经济无关。

语言经济学研究的局限性。语言经济学研究起步较晚,始于20世纪60年代中期。直到目前,有关这一研究多半属于描述性的研究而没有上升到理论研究。因此,语言经济学尚未成型,还没有形成一个被学者们公认的定义,其研究的严谨性、科学性、系统性都有待于进一步商榷。围绕语言与经济或经济与语言之间的关系,鲁宾斯坦在《经济学与语言》一书中分析研究了"经济学与语言",即经济语言学。由此形成了两个概念:"语言经济学"从语言学的角度来研究经济学,而"经济语言学"是从经济学的角度来研究语言。但就总体而言,都是从语言本身、基于语言本身、为语言本身,还是没有脱离现代语言学之父索绪尔的《普通语言学教程》这部"圣经",这也是语言经济学和经济语言学两项研究至今在国内外没有取得实质性进展的重要原因。

外语在中国已经成为一种无形的社会资源和有形的经济资源,可是长期以来,无论是经济学界还是语言学界几乎始终把外语看成单纯的语言而没有把它看作是经济变量。语言经济学和经济语言学都没有把母语和外语区分出来研究。国内学者在21世纪初提出了"外语经济"和"外语经济学"概念,张德富教授和关兵教授提出将外语经济学和语言经济学进行比较研究,把传统的"语言经济"和"语言经济学"区分开来,并做了一系列相关的理论研究。外语经济学属于新兴边缘学科。外语经济学明确提出虽然母语和外语都隶属于语言,但是两者的语言价值和视角各不相同。外语经济学关注在涉外活动中外语转换成母语或者母语转换成外语的过程中,如何消除语言先天差异和避免在语言互换过程中产生新的差异;关注决定语言互换质量的外语人的本质,关注决定语言互换速度的外语人的言语行为,关注外语资源的科学配置。

外语经济学是经济学的一个新兴研究领域,它是把广义的外语(外语语言+外语人+外语人语言行为)作为一个单独的变量研究我国(或包括发展中国家)有限的外语资源在涉外经济活动中的运用的一门学科。也可以定义为以经济学的理论、原则或方法,把外语和语言行为当作普遍存在的社会和经济现象来加以研究的一个经济学分支学科。

外语经济学可以具体界定为:"我们假定把外语看成是经济因素,那么外语经济学便是经济学的一个重要分支。这里所说的外语既不是语言学研究定义的'普通语言',也不是其'具体语言',而是由外语+外语人+外语人语言行为三者构成的有机整体。它不是平面的而是立体的;不是静态的而是动态的;不是外在的而是内在的;不是外加的而是固有的。在涉外经济框架下,外语作为一个不可或缺的因素,它的本质不是语言的,而是经济的,存在于内而非于外的因素,贯穿于涉外经济的始终,也贯穿于具体的对外贸易的始终。由外语+外语人+外语人语言行为构成了一个严密的、封闭的和独立的系统,在其内部消除语言固有差异、避免新生差异、优化价值取向、合理配置资源,保证涉外经济的良好运行和发展;而在其外部,有自然接口或界面,与语言环境、社会环境、政策环境、业务环境、人员环境相连接,同时也与外语教育、母语地位密切相关"。对外语经济学内涵的界定不仅从分析、研究层面上提出了一个较为准确和科学的学术概念,而且也进一步为全面、系统地研究外语经济学奠定了研究基础。

在涉外经济领域里,外语人通过口头的语言互换或书面的语言互换使个体与个体之间、群体与群体之间、国家与国家之间得以进行交易直至实现交易。从这个角度来说,语言之间的互换是一种劳动,它的价值量由体现在商品中的劳动量来计算。在涉外经济活动中,外语本身具有经济价值,在使用过程中产生直接或间接的、有形或无形的社会效益和经济效益。

经济学研究的是人的行为,准确地说,是理性行为假设下的人的行为。外语资源的核心是人,所以外语经济学更应把研究人的行为放在首位。在涉外经济活动中,我们假设参与语言交换的外语人是"理性人",追求约束条件下的效用最大化,其交际过程受到各种主观认知约束条件的制约,外语人的理性本质决定语言交换。影响涉外经济活动中的语言交换效率的因素主要有:文化差异、语言的本质、语言本身所固有的经济性、交际动机强度等,针对影响因素,应进一步探讨提高语言交换效率的原则。

外语作为一种稀缺资源的合理配置问题是外语经济学研究的一个重要方面。外语对我国而言始终是涉外经济运行中的一个单独变量,它的价值的高低和效用的大小、费用的多少以及效益的好坏已经不是间接而是直接地影响着我国的生产和交换的速度、质量和效益。外语资源如何配置以及外语人的外语能力和水平的高低直接关系到我国涉外经济的运行效率、涉外经济发展的质量,也关系到外语资源在涉外经济活动中的优化作用。

外语对经济尤其是对涉外经济有着不可低估的促进作用;反过来,经济的发展也会对外语资源的使用产生巨大的影响。亚当·斯密(Adam Smith)在《国民财富的性质和原因的研究》(An Inquiry into the Nature and Causes of the Wealth of Nations)中对语言的重要性有过大篇阐述,并明确指出人的交易是需要语言的,人类之所以有市场交换和交易行为,之所以在种种社会活动和市场交易中会产生一些习俗、惯例和制度,究其原因,就是因为人类有语言并使用语言。有了语言,人才有理性、道德和正义感,才有种种社会礼俗、文化传统、商业惯例和制度规则。无论从理论上还是从客观事实上讲,如果某个国家或地区的经济能持续的高水平发展,那么他的语言必然越来越具影响力,必将越来越普及。在目前的我国涉外经济活动中,外语尤其是英语在对外交往中起着至关重要的作用,也可以说,外语作为一种不可或缺的经济要素参与到我国的涉外经济活动中。随着政治、经济和文化全球一体化的纵深发展,不同语种间的有效沟通和交流显得日益重要,外语也将越来越受到重视。外语资源对我国涉外经济发展的促进作用主要表现在:促进我国进出口贸易的发展,拉动外资,促进地区经济和技术的发展,加强国际合作,提供更多就业机会,为企业安全进入国际市场提供法律保障。

经济发展对外语的决定作用。首先,经济发展决定外语需求。经济的发展对语言在人类社会中的地位形成具有决定性作用。总的说来,语言本身无所谓价值,但选择使用何种语言则体现了语言经济价值的高低,语言的价值取决于该语言在各种任务、各种职业和各部门活动中的使用程度以及供求关系。在知识经济全球化的今天,社会对知识经济的需要和对相关专业人才的渴求,使人们充分地认识到外语学习的必要性。外语是构建融入国际社会的平台,是国与国之间学习、交流、合作、发展的桥梁,也是经济发展的一个至关重要的环节和手段。其次,经济发展对人才的要求越来越高。随着经济全球化进程的不断加快,我国参与国际市场的深度和广度也都在加大,这一客观的历史进程要求高素质管理人才。这种高素质管理人才不但要熟悉我国的国情,而且要具有高水平的外语能力和丰富的专业知识,还要精通WTO规则且具备国际政治、经济、法律等方面知识,具有积极参与国际竞争的意识和能力,且能维护我国正当权益。因此,个人对于外语的学习是对全球化发展趋势和知识经济所作出的一种积极反应,也是劳动力市场供需导向的结果。个人为进一步实现自己的社会价值适应新的生存环境和文化环境,就要不断地学习以满足社会的需求。最后,经济发展对外语提出挑战。全球经济一体化进程的加快,促使一个国家或地区的经济加快实施"走出去"和"请进来"的战略。在融入世界经济格局的进程中,企业与个人都面临着市场的占有与开发、技术更新与创新等诸多挑战,最为直接的挑战将是语言的挑战。语言不仅表现在文化的差异层面上,还包含着知识含义的差异、技术含义的差异、管理内涵的差异,由此伴随而来的是价值观、思维方式、行为准则的差异。如何冲破这种无形的隔阂和羁绊,解决这些差异则是外语经济的实质。换句话说,解决这些差异的程度是衡量我们融入世界经济水平和经济效益最大化的标准。

商品价值的实体是劳动,因此商品的价值量也就必须由体现在商品中的劳动量来计算。人们进行价值生产的最终目的是为了用于交换,以取得价格,获得利润,而这个过程的实现不是物自身的转化或转移,它需要依靠市场、通过流通商品专门手段来实现,从而形成了由内在形态向外在形态的转变。在涉外经济领域里,外语人通过口头的语言互换或书面的语言互换使个体与个体之间、群体与群体之间、国家与国家之间得以进行交易直至实现交易。从这个角度来说,语言之间的互换是一种劳动,体现的是一种社会生产关系,并实现于生产与交换过程中。

在涉外经济活动中,只有通过外语的使用才能真正实现不同语言间的转化。外语不仅是国际交往的工具,为经济发展服务,而且本身也具有经济价值,在使用过程中产生直接或间接的、有形或无形的社会效益和经济效益,同时,也会节约交易费用。随着社会进入到经济全球化的时代,在不同文化间交流的语境下,语言越来越多地与经济联系在一起,个人的语言行为和他的语言价值紧密地联系在一起。在涉外经济活动中的外语人表面上所做的工作是语言互换,实质上是以消除其固有差异和避免新生差异,从而使语言与语言接近或尽可能实现等值或接近等值为目的,力求使不同语言之间有效转化,降低交易费用和交易成本,以实现更大利润的一种复杂的抽象劳动,因此,具有较高的经济价值。

外语的经济价值体现在外语使用过程中的有效表达以及交流双方(或多

方)的交换性理解。宏观上说,外语经济价值是指不同的经济活动中外语的实际使用情况,包括外语的地位、使用的频率以及语言变化、社会对外语的评价等。微观上说,外语的经济价值具体体现在语言的表意功能上。人们在外语的帮助下完成某些经济行为,并且满足语言使用者的预期需要从而获得某些经济效益,或者在劳务市场中满足社会需求而获得经济效益。从经济上来说,外语是促进科技进步和经济发展的工具,其主要经济价值具体包括:

(1)通过使用外语来克服跨文化经济交际障碍而获取经济效益。

(2)通过使用外语来达到知识经济交际而获取经济效益。

(3)人们在外语的帮助下完成某项工作而获取经济效益。

(4)人们依靠外语从事某项职业或参与某种活动而获取经济效益。

(5)外语在劳务市场中满足社会的需求而获取经济效益(受雇者的外语熟练程度越高,其身价就越高,而用外语工作的经验越丰富,其待遇也就越好)等。

外语的经济价值将根据整个世界经济发展的情况,依据经济学中的成本效益理论,适时变化。以英语为例,从20世纪60年代开始,英、美在世界经济、政治舞台上发挥着越来越重要的作用,英语迅速扩张,成为当前国际全球化进程中的一个必不可少的语言工具,广泛渗透于商务、金融、政治、军事、科教、传媒等方面。当今世界中的绝大多数企业已经把英语作为通用工作语言。对于中国企业而言,不使用英语就无法实现同世界的自如交流,也无法走到世界前列。用一种或多种外语进行交流的语言技能被越来越多的人视为一种高含金量的语言资本,学习外语的"投资费用"和学成语言后的"投资预期效益"之比,让人们理性地决定战略投资外语学习。在这种背景下,人们对语言的认识发生变化,赋予了外语交流以新的价值。

经济学以人类经济行为和现象为核心,经济学的最基本的假设条件是合乎理性的人(理性人)的假设条件。"理性人"被规定为经济生活中的一般人的抽象,其本性被假定为利己的,其在一切经济活动中的行为都是合乎所谓理性的,即都是以利己为动机,力图以最小的经济代价去追逐和获得自身的最大的经济利益。虽然经济学以"理性人"假设作为其基本前提研究人们的经济交往行为,而人的言语交换远远早于人的经济交往,并且人类自然交往中最多的便是言语交换。外语并不是完全意义上的"商品",也非一般意义上的"公共产品",语言具有更多的特殊性。单从经济的角度来说,外语的使用能节约成本,特别是交易成本。在涉外经济活动中,我们可以假设参与语言交换的外语人是"理性人",追求约束条件下的效用最大化,其交际过程受到各种主观认知的约束条件的制约。事实上,语言本身就意味着理性或者说理性本身就意味着人的语言能力。在人的社群或社会中,之所以有习俗、惯例、规范、传统和制度,其原因在于人本身有理性。外语人在进行对外交往时总是出于利己动机,他们在对外交往过程中所发挥的重要作用之一就是促进交易的达成,所以言者和听者的利己和利他动机需要保持均衡才能保证会谈的成功和双方的共赢。而外语人作为"理性人"还具有完备的知识和计算能力,以保证自身利益最大化的实现,这也是外语人的理性本质决定语言交换的体现。在涉外经济运行过程中,经济活动中的商品介绍、合作谈判、市场开拓、形象树立等都将涉及言语行为,都要借助言内行为的清晰、准确,从而迅速传递言外行为的意图,达到言后行为的落实,这都将考验外语人的语言能力和水平。对于外语人如何运用语言到位地表达自己的思想,成功地进行语言与语言之间的互换的研究必须基于对外语人理性本质的研究。

在对外经贸活动中,外语人与语言行为同在。外语人实施语言行为必然具有有意识的目的。而有意识目的的语言行为在一般情况下受到两个条件的制约。第一,外语人的语言行为受其本质的驱使,即受到有别于其他民族的、道德的、法律的、信仰的、习俗的、市场秩序的、商业惯例的、制度规则的经济秩序以及不同的理性、思维、人生观、公平、正义和价值取向等约束极力维护其自己民族的利益,但与此同时又受到客观环境以及对方民族的种种约束的反制。第二,外语受自身语言行为能力的直接影响。这种直接影响表现为:一是在一种语言互换成另一种语言时消除固有差异的程度;二是一种语言互换成另一种语言时避免产生新生差异的程度;三是一种语言互换成另一种语言时消解文化差异的程度;四是一种语言互换成另一种语言时减少周围语言环境影响的程度;五是一种语言互换成另一种语言时使用肢体语言的程度,等等。在这两个条件的制约下,使一种语言互换成另一种语言的效率实现最大化至关重要。用外语进行有效的交流受到很多外在和内在因素的影响,即便懂母语也懂外语也未必能够实现完全对等的交流。

由于语言的不同,其承载文化不同以及承载的信息的不同,再加上受到外语人的理性、思维、人生观、道德、公平、正义和价值取向等因素的影响,母语与外语之间的交换很难做到完全相等。此外,语言不仅表现在文化的差异层面上,还包含着知识含义的差异、技术含义的差异、管理内涵的差异,由此伴随而来的是价值观、思维方式、行为准则的差异。如何冲破这种无形的隔阂和羁绊,解决这些差异则是外语经济的实质,提高母语与外语之间的交换效率是外语经济学的重要研究内容。具体来说,影响涉外经济活动中的语言交换效率的因素主要有:

一、文化差异

人们如何通过语言进行交际,受着社会文化的影响。许多人很早就注意到语言的字面意义和语言使用者所要表达的实际意义之间存在差异的现象,文化差异对语言互换产生深刻影响。首先,文化差异导致文化价值观不同,尤其要注意的是文化习俗的差异,这反映在以个体中心为特征的西方文化和以群体依存为特征的中国文化的交际方式上和文化价值观上时尤为明显。语言表达是被固定在一定的社会、文化、心理环境中进行的,语言的生成和理解,语言信息的传递都与这些因素相关。

二、语言的本质

我们发现,人类语言及其语义的复杂程度,是目前看似已相当发达的经济理论模型远难企及的。因为"在任何语言中,人们交谈时所用的词语的语义都非常灵活且有时会超出说出的话的字面或话语意义,甚至意义完全相反"。

三、语言本身所固有的经济性

语言是一种社会现象,它随着社会的发展而发展,随着社会的变化而变化,各种语言的发展变化都有一个共同的趋势,即"简化趋势"或"经济趋势"。人们使用语言总是要遵循经济原则,在交际中,力求用少量的语言传达尽可能多的意义。

四、交际动机强度

交际动机强度和语言投入成正比。言者交际动机越强,想说的越多;听者交际动机越强,需要的语言就越少。在涉外经济活动中,外语人如果作为言者要观察和试探听者的交际动机,并投入适量的言语激起听者的交际动机,保证双方能够很有兴趣地进入下一步的会谈。外语人如果作为听者,应耐心地倾听言者表达的信息,从而表明较强的交际动机。只有双方的交际动机强度达到均衡时,才能实现语言效用的最大化。

外语作为一种稀缺资源的合理配置问题是外语经济学研究的一个重要方面。资源配置是对相对稀缺的资源在各种不同用途上加以比较作出的选择。一个经济体内外语人使用外语的总和即构成该经济体的外语资源。外语资源同其他物质生产资料一样,它们的组合和配置决定了经济体社会经济福利优化的最大程度。能否获得胜任涉外经济工作的外语人以及能否实现外语资源的优化配置,直接影响到我国涉外经济的增长和效益。从宏观角度来看,在涉外经济领域中,外语资源配置主要是人力资源配置。外语资源配置的效率是指如何配置一定数量的外语资源,使得资源配置的效果达到帕累托状态,即若改变这种配置状态,会造成至少一个外语资源使用者的利益受损。外语资源配置的帕累托状态不仅使所有外语资源提供者的利益都达到最大化,而且使每个外语资源使用者也实现了利益最大化。科学、合理、经济地配置外语资源会使外语这一经济因素实现应有的价值。虽然外语资源的利用效率,尤其是在外语人才配置和使用方面的浪费很难计算,有时这种传递损失比人才培养直接费用还高,但是我们可以把外语资源的利用效率大致分为三种现象:一是外语人配置多,但外语水平层次低,产生的费用低,但却配置在高需求上,结果导致在涉外经济领域里外语因素价值低、效益差;二是外语人数科学配置,外语水平层次适当,产生的费用合理、按不同需求适当配置,结果导致在涉外经济领域里价值最大化、效益最大化;三是外语人数配置多,外语水平层次高,产生高额费用,但却配置在较低需求上,结果导致在涉外经济领域里价值低、效益差并造成资源浪费。知识经济时代,外语资源配置要依据于经济理论。机会成本原理、边际效用原理、资源最佳配置原理等都对外语资源配置具有指导作用。

在市场经济条件下,外语产品是具有商品属性的,因此,同其他任何商品生产部门一样,外语存在着供给与需求问题。通常情况下,与特定国家的人交流时外语不可"互代",也很难"互补",这就使得外语的价格弹性较小,此外,外语市场受到其他诸多因素的制约。从世界经济发展的历史来看,促使现代经济可持续性发展的条件之一就是人才保障,这其中包括外语人才。外语人才对经济的深广发展起着必不可少的促进作用。目前,随着我国经济的高度发展,对外语人才的数量和质量也提出了更高的要求。结合我国近几年在社会经济领域取得的发展和科学技术的进步,单一的外语人才已经难以适应市场的需求。企业需求的人员往往不仅要掌握好语言工具,而且要具备某方面的专业知识或技能,诸如贸易、金融、法律或计算机、通信等应用技术。外语人才必须由"单一型"向"复合型"转化,才能适应未来市场的要求。

外语作为经济要素的供求供给和需求分析毫无疑问是经济学中最基本但也是最重要的一个分析工具,供给和需求分析是在微观经济学的基本竞争模型假设中分析和需求对均衡价格的决定。将供给与需求分析用于外语资源问题,可以分析涉外经济市场上外语人的收入。具体来说,将支付给外语人的工资视为外语产品的价格,其均衡水平由该产品的供给和需求决定。

但是,这个简单的外语人价格决定模型应用时,应充分考虑到一些前提。外语产品是一种特殊的服务产品,其提供的服务价值既包括经济价值,也包括社会价值,因此,对其价值的衡量往往不够准确。此外,外语需求的决定因素是消费者偏好、收入和价格。对于涉外企业需求来说,对外语产品的偏好有受教育程度、年限、外语使用经验、国外受教育经历、文化等方面的因素,更重要的是要受制于成本和费用问题。然而,资金和价格在外语需求的决定中相对来说地位并非决定性的。

在当前经济全球化进程中,外语已成为一种必不可少的语言工具,它广泛渗透于商务、金融、政治、军事、科教、传媒等方面。用一种或多种外语进行交流的语言技能被越来越多的人视为一种高含金量的"语言资本"。外语不仅成为经济发展和个人发展必不可少的媒介,还为一国对外经济的发展带来了巨大的经济效益。经济效益是经济活动者的共同追求,经济活动的动力,同时也是人类社会存在和发展的基础。所谓经济效益,是指社会经济活动中物化劳动和活劳动的消耗同取得的符合社会需要的劳动成果的对比关系。外语资源的掌握,一方面是作为个人获取经济资源的一种工具或技巧,获利者必然有个人投资倾向,此时外语可以看作是个人产品;另一方面,外语具有提升人们社会和经济地位的功能,外语教育无疑是提升社会整体素质的必要因素,因此外语又是一种公共产品。在经济全球化环境下,就中国企业而言,不使用外语就无法实现同世界进行交流,更无法走到世界前列。因此,从经济学角度说,外语能给企业带来巨大的社会效益和经济效益。外语和外语经济效益并非是一种直接的线性关系,也就是说,外语本身并不直接创造物质财富和产生经济效益,它往往需要经过一个中间环节作用于涉外经济活动之后,才能产生经济效益,这个中间环节,即外语经济效益的形成过程。

成本与收益的分析是经济学最基本的分析方法之一。任何行为都有着成本和收益的衡量。对外语的投资,作为对提高人的劳动能力的人力资本的投资,可以带来收益。外语需要投资,需要花费成本来获得,同时外语具有生产和消费性,学习外语的"投资费用"和学成语言后的"投资预期效益"之比,让人们理性地决定战略投资外语学习。

在我国,由于大中小学外语教学大纲的"一条龙"尚未形成,目前的外语教育存在严重的重复投资、浪费投资问题。一方面,政府投资的各级各类学校为外语教育投入了大量人力物力;另一方面,民间举办的各类外语培训学校或中心成为欣欣向荣的大市场。我们可以把这些投入都归入社会经济成本的范畴。

外语收益一般分为直接收益和间接收益。

(1)直接收益。从宏观来看,外语的直接收益包括外语人在本国涉外经济活动中因使用外语所节约的交易成本,或由于语言沟通便利所创造的商业机会和贸易收益。从微观来看,外语的直接收益主要是指因使用外语而使个人收入提高的程度。

(2)间接收益。间接收益是指难以量化的社会收益和个人收益。从宏观来看,该收益包括由于使用外语加强国际间的文化、经济、商贸乃至民间交流而导致的国际声誉的提高、与外界进行文化交流及传播能力的加强、国民文化素养的提高、社会流动性增强等要素。从微观来看,间接收益包括个人因社会地位改变所形成的心理收益等。

计量外语的经济效益取决于外语学习的收益和成本之差。对个人而言,外语使用者可能因其语言能力在未来获得更高的收入,为此付出成本,即学习外语的费用支出和学习外语所产生的机会成本。从整个社会的角度看,外语的经济效益表现为本国涉外经济活动中因使用外语这一国际语言所节约的交易成本,或由于语言沟通便利所创造的商业机会和贸易利益。从理论上说,外语的宏观经济效益,可以看作是所有外语人的经济效益的总和。通过分析总收益与总成本增量的变动可以找出实现利润最大化的正确方法。这种方法称为边际分析法。计算和分析外语的总收益与总成本增量的变动,可以帮助人们获得学习外语最大化成就的正确方法。

第二节 非遗文化翻译中的外语经济学分析

外语经济学是把广义的外语(外语语言+外语人+外语人的外语活动行为)作为一个单独的变量研究我国(或包括发展中国家)有限的外语资源在经济活动中的运用的学问。外语经济学也是经济学的一个新兴研究领域。这是因为它同样具有经济学的性质,外语作为经济活动中一个单独的变量,具有价值、效用、费用和效益的经济特性,直接影响一个民族或一个国家的生产和交换的速度、质量及其效益。它的着眼点在于分析外语的价值、效用、费用和效益以及它们的相互关系,从而使外语在我国经济活动中的涉外经济领域发挥应有的作用。

静态研究即外语研究,这是研究外语经济学的基础和前提条件。在这方面,首要的问题是突破传统观念的束缚:汉语是语言,外语也是语言。如果把外语和我们的母语简单地等同起来,视为无差别、更无差异,那么外语经济学也就丧失了存在以及进行研究的理由。众所周知,母语是自然习得,我们国人完全能够自然而然地掌握母语以及母语所包含的一切内涵。而外语是后习得,需要经过专门的培养和训练才能够掌握到一定程度。事实上,我们虽经努力,恐怕水平也很难达到与母语相同的程度。也就是说,在外语所反映的物质层面上的内涵、所包括的社会关系与结构层面上的内涵,以及所包括的思想层面上的内涵,我们在一般情况下是无法达到或者超过我们的汉语水平的。这说明,不仅外语与母语之间存在着差异,在掌握程度上也同样存在着差异。全面系统研究这两个差异,才能够证明外语与母语的不同,并由此证明外语是涉外经济活动中的一个经济因素。在静态研究即外语研究的基础上,进行动态研究即研究外语与经济之间关系及其"外语"作用的研究,把"外语"放在经济领域里,不仅研究外语语言本身,而且研究从事外语工作的人对外语及其相关文化的掌握程度、拥有的外语水平和具有的外语能力对涉外经济的影响度,而且还研究外语人在经济活动中外语与母语的差异所蕴含的文化、价值观、人生观和习俗等表现出来的行为对涉外经济发展的速度及其质量的促进作用。以此证明外语是在涉外经济活动中不可或缺的因素。

由动态研究到静态研究即逆向研究。其思路是通过研究外语在涉外经济活动中的价值、效用、费用、效益以及它们彼此的相互关系,来证明外语与母语之间存在差异以及在掌握程度上存在差异,为外语研究提供了研究思路。通过研究外语人及其外语行为和外语资源的如何配置反过来为研究外语语言本身以及外语与母语之间的关系提出标准和要求。在此基础上,全面系统研究这两个差异,反过来证明外语与母语的不同即在涉外经济活动中外语因素的客观存在,进而证明外语是在涉外经济活动中具有不可或缺的因素。

静态研究和动态研究相结合。这个研究的思路在于以一项或若干项大型涉外项目的具体内容和数据为材料,静态研究直接为一项或若干项大型涉外项目提出外语与母语的具体差异,而动态研究直接为一项或若干项大型涉外项目提出外语人的外语水平和能力应该具备何种程度以及他们应该怎样实施他们的外语行为。最后,将静态研究和动态研究的结果相结合,上升到外语经济学的理论层面加以研究分析。笔者将采取静态研究和动态研究相结合的方法来分析四川非遗文化外译中的经济学价值。

很多时候为了突出非遗文化的精湛与精深,译者会倾向于实现译文的社会化效益而偏离原文,也就是将翻译艺术性和科学性之间的天平倾向了艺术性一边,但这样的翻译却难以实现社会效果。如果过度强调科学性,一板一眼的外译可能会让灵动的传统文化失去本来色彩,也无法完全实现外宣效果。从外语经济学角度来讲,非遗文化外译的艺术性和科学性需要达到统一,能实现外语的语言价值。

　　语言是一种社会现象,它随着社会的发展而发展,随着社会的变化而变化,各种语言的发展变化都有一个共同的趋势,即"简化趋势"或"经济趋势"。人们使用语言总是要遵循经济原则,在交际中,力求用少量的语言传达尽可能多的意义。言简意赅的表达方式是经济学中效用原则的体现。

　　四川非遗文化翻译中会出现母语与外语的差异。在外语转换成母语或者母语转换成外语的过程中,应该消除语言先天差异和避免在语言互换过程中产生新的差异,实现翻译作品最大化价值。源语言(四川话)与目标语言(英语),从文化角度来讲,既有差异性也有共鸣性。如何让译文激发读者的文化共鸣感和好奇心,让目标语群体感同身受,愿意主动接受文化并成为文化的消费者,其根本方法是以价值为导向,研究提升非遗文化翻译的文化价值、经济价值和政治价值。

　　非遗文化外译中涉及决定语言互换质量的外语人的水平、决定语言互换速度的外语人的言语行为以及关注外语资源的科学配置问题。这些因素将会对翻译的费用和收益产生直接的影响。术业有专攻,每个翻译工作者擅长和熟悉的领域不一样。比如,有的翻译人员专攻文学翻译,有的致力于科技翻译,有的又擅长中医药翻译,选择合适的译者,能减少翻译的费用,增加外译的收益。除了专业翻译水平和质量,译员的教育背景、学术背景、家庭背景都应纳入到考虑的重要范畴之内。如果非遗翻译中不引入专业的翻译人员,将严重影响翻译的价值。此外,为了提高翻译的收益,可以适当组织翻译人员参加外宣活动,身临其境,增进翻译工作者和非遗文化传播工作者的协作和沟通,让外语人在实践中能够深刻认识文化的灵动性,将非遗文化的神韵用外语传达出来,传播出去,实现非遗文化外译的经济学价值。

　　非遗文化外译也对新时代的外语人才的培养提出了新的要求。四川非遗文化外译亟需通晓四川风土人情、熟知当地政治文化且熟练应用外语沟通交流的复合型人才。因此,完善外语经济产业链条应从建立合理的人才结构和组织管理模式方面入手,提高非遗文化翻译和外宣的自给自足能力,合理整合和实施外语人才战略,采取有力措施和手段,注意吸引和留住非遗文化专业外语人才,同时注重文化翻译的外语人才培养战略。"大而全"的翻译人才培养模式事倍功半,"精而专"的翻译人才模式事半功倍,有利于实现外语资源的科学配置。

作为人力资本投资意义的外语,为非遗文化外宣提供不同文化和理念上的支持。文化差异和语言差异成为中国文化和外国文化整体发展的关键问题。单一的文化输出策略,即使某一文化和语言成为主导型的文化,从外宣实践上讲,也不具有可行性与实际效果。双向与多元的发展策略正是依据语言之间存在的文化和社会思维存在的差异,而实现外宣效果的。可通过在翻译中将不同文化间的独特思维进行综合,从而使得外语经济系统的主体包括社会、国家、组织和个人都可从中获得收益。

四川非遗文化外译应积极关注语言消费和周边语言产品的建设。非遗文化外译的成果需要货币化,以提高翻译产品的短期和长期收益。新的传播形态、表现形式、传播平台的运用和推广,可以提升市场响应的效率。例如,四川非遗文化相关的短视频、微电影的翻译可以带动城市宣传,实现文化推广;网络、微信、微博等新型传播平台可以推出适应的外语消息、图文、广告。快捷、高效、灵活、低成本是文化艺术传播的最佳方式,也是文化产业借助语言消费活动得以发展的有力证明。

第三节 外宣中的误译分析

外语经济对我国融入世界经济的影响。由于全球经济一体化加快,促使我国加快实施"走出去"的战略,联想集团不久前并购了美国的国际商用机器公司(IBM)的个人电脑业务并同时接收了20000多名员工,其中有2000多名工程师,总部设在美国,工作语言是英语。最近,中国海洋石油总公司以185亿美元要收购美国石油巨头优尼科公司。这些都是我国加入世贸以来融入世界经济最明显的标志。在融入进程中,面临着市场的占有与开发、技术更新与创新、管理的创新与到位等诸多挑战,最为直接的挑战将是语言的挑战。语言不仅表现在文化的差异层面上,还包含着知识含义的差异、技术含义的差异、管理内涵的差异,由此伴随而来的是价值观、思维方式、行为准则的差异。如何冲破这种无形的隔阂和羁绊,解决这些差异则是外语经济的实质。换句话说,解决这些差异的程度是衡量我们融入世界经济水平和经济效益最大化的标准。

外语经济在国际贸易中的影响。一个国家或地区的经济运行分为两部分,国内经济运行和国外经济运行。最近几年,我国经济高速发展的一个重要特点是在很大程度上取决于世界市场和国际贸易,其依存度上升到50%、60%,直到目前的70%。但我国的贸易增长基本上属于粗放型增长,国外经济运行一直处于附加值低、经济效益差、贸易摩擦和争端不断的局面。这里仅以对美国出口为例,如果只是从表面上了解了诸如技术法规、技术标准、商品的包装要求和标签的规定、质量认定认可制度、计量单位制、检验程序和检验手续、商品的规格及其他外观等,而没有透彻地理解这些内容的内涵和实质,美国采用非关税壁垒措施就会给我国造成损失。而掌握并运用外语经济就会打破其关税壁垒。因此,运用和重视外语经济会是我国贸易由粗放型增长转变为集约型增长,增加附加值,提高产品质量和经济效益,在贸易摩擦和争端中变被动为主动的一条有效途径。

外语经济对我国经济发展的影响。它主要表现在以下三个层面上:从表层上看,我国的对外经济必须依靠外语平台,我国的母语——汉语在现阶段不具备全球性语言的地位。这就决定了外语平台在我国经济发展中的地位,从而使其成为我国对外经济运行的基本条件之一。没有外语平台,对外经济及融入世界就无从谈起。从内层上看,融入世界和融入世界经济需要有融入的能力,驾驭外语平台的能力便是能力之一。依靠外语平台的内在能力消除文化差异,如风俗习惯、文化背景等,只有倡导兼容并蓄的多元文化,进行文化融合,才能够达到多元文化背景下价值观和目标的最佳融合。文化差异问题解决的程度直接涉及价值观、思维方式和行为准则的融合和统一的程度。在对外经济运行过程中,我国与外方如果在价值观、思维方式和行为准则上不能找到最佳融合面和统一点,步调就无法协调一致,团队精神就不会形成,对外经济目标就不能得以实现。从深层上看,外语中的一个字、一个词、一个词组、一个句子乃至一个语段从翻译的角度均可以译成汉语,然而由于文化背景的不同进而也是由于价值观、思维方式和行为准则的不同,潜在的含义和差异是永远无法用文字形式解决的难题。因此必须挖掘、掌握并运用在全球经济运行中外语与母语在经济领域里的内涵差异,才能够探索出消除制约对外经济发展速度和质量的因素,达到最大限度地吸纳、容纳和平衡有价值的外部经济资源,从而保证我国经济在遵循世界经济的游戏规则中达到经济利益的最大化。

在经济全球化快速发展的今天,文化产业已经成为世界各国提升本国经济发展的具有战略意义的产业,许多发达国家都将其视为支柱性产业,中国也非常重视对文化产业的建设。四川非遗文化外译不仅是中国文化产业建设非常重要的一部分,也是当今翻译学领域最热门的研究话题之一,所以在外语经济学视角下对四川非遗文化对外翻译的研究具有深刻意义。

外语经济学是当今经济学中学者涉足较浅,研究资料较少的一门边缘学科。它是利用外语人、外语语言及外语语言行为来对我国经济活动中相关外语资源研究的一门学科。外语经济学主要研究在外交领域里母语和外语相互转换的过程中,如何削减文化负迁移对外翻译的负面影响;如何在涉外经济活动中提高母语和外语语言交换的效率;如何合理科学地配置外语资源从而使外语人的语言能力更加优化,以实现有形和无形的社会价值和经济价值。

四川非遗文化的外译是四川非物质文化遗产"走出去"的有效途径,它不仅促进了中华传统文化的对外宣传,也促进了四川经济发展,还有助于提升四川传统文化在世界文化中的影响力。在外语经济学的指导下,研究四川非遗文化的翻译实践,这种实践对于文化资源保护和宣传具有一定的经济意义。

基于现有的实践研究和资料,在外语经济视角下,部分四川非物质文化遗产翻译违背外语经济学的价值、效用、费用、收益等原则,因此还存在着一些缺陷和不足,具体体现以下几个方面:

一、不当的音译

由于文化背景的差异,许多中文表达并不能找到对应的英语解释,因此,我们就需要使用音译。但是大量地运用音译,会导致读者对中国非遗文化产生费解,不能激起读者的文化好奇和文化共鸣,从而违背外语经济学中的效用原理。

雅昌艺术网上有这样一则新闻,标题写到"Bamboo suona horn-Intangible Cultural Heritage of Sichuan",其中"suona"一词值得探讨。唢呐,是一种中国传统的民间乐器,用于民族乐队合奏或者戏曲歌舞伴奏。(而中国的唢呐最初是由波斯的一种名为 surna 的乐器改善演变而来),因此 surna 源于波斯,英语国家早已对 surna 一词有所了解。但在此标题中,译者仅仅简单地利用中国拼音将其音译为 suona,没有了解到唢呐更深层次的文化历史背景,使得外国友人需要对其重新理解。因此建议将其改为"Bamboo surna horn"。在非遗文化外译中,类似这种音译运用不太恰当的现象比比皆是,如 Si Chuan Yangqin(四川扬琴),Chuanjiang haozi(川江号子)等。这种非遗文化外译的偏差,会使目标群众难以理解,无法激起读者的文化认同感,不利于唢呐、扬琴等文化的对外宣传和推广,违背了外语经济学的效用原则。

二、直译生搬硬套

所谓"直译",是指既保持原文内容又保持原文形式的翻译方法或翻译文字。但直译时切忌生搬硬套,否则会引起读者的误解,达不到其翻译的经济效益。

最近在成都举办了第七届中国成都国际非物质文化遗产博览会(2019 年 10 月),许多媒体都对此进行了报道,在其中一则新闻中,将非物质文化遗产一词译为 Non-heritage,"non"在柯林斯词典中的含义为"非、不","heritage"指遗产或国家代代相传的传统。他们简单地把非遗这个词语拆分成"非"和"遗",并直接将其翻译出来,以此来表达非物质文化遗产的含义,但这样就会和原意截然不同。非遗全称为非物质文化遗产,是指被各群体、团体,有时为个人所视为其文化遗产的各种实践、表演、表现形式、知识体系和技能及其有关的工具、食物、工艺品和文化场所。《保护非物质文化遗产公约》所定义的非遗包括以下方面:①口头传统和表现形式,包括作为非遗媒介的语言;②表演艺术;③社会实践,仪式,节庆活动;④有关自然界和宇宙的知识和实践;⑤传统手工。它是真实存在的一种文化遗产形式,其本质是无形的。而"无形"在英语中表达为 intangible。因此不能单纯将其翻译为 non-heritage 或 no-heritage,而应翻译为"Intangible cultural heritage"才符合其本质含义。

这些"直译"的表达歪曲了读者的理解,不能表达其真实含义,没有体现源语言的本质,使翻译的效率低下,违背了外语经济学的原理,没有促使非遗文化外译和外语经济学有效结合,达不到外语经济效益的最大化。

三、翻译冗余残缺

外语作为一种稀缺资源,如何进行合理配置是外语经济学研究的一个重要方面,在经济学研究中,资源的合理配置对提高经济效益尤为重要。所以在非遗文化翻译中,语言的有效组合和合理配置更能提高读者的阅读积极性,从而使外语资源在经济活动中起到更大的优化作用。

在相关研究中,有资料将四川皮影戏翻译为Sichuan leather-shadow show,其给读者带来一种偏差——四川皮影戏是仅由兽皮制成的剪影来表演民间故事的一种戏剧,但其原材料却不只局限于兽皮。这一翻译造成了内容残缺,信息不完整,故建议翻译成Sichuan shadow show。

在这个例子中,"皮影的主要演出对象是各种庙会和村民的婚丧、节令习俗。主要内容都是祈福驱邪,保佑吉祥"的初译为:The main performance target of shadow play is a variety of temple fairs, villagers' weddings and funerals, festivals and customs. The main content is about blessing, exorcism and praying auspiciousness.此句话中的"祈福驱邪"和"保佑吉祥"都有祈祷好运的意思,初译时将两个成语都翻译出来导致语义有重叠,显得冗赘啰嗦。所以建议此处用"pray for good luck"直接概括要义,简洁明了。为了更符合英语表达习惯"主要内容"其实是表目的,因此这里用动词不定式表目的的形式省略"the main content"更加合理。故改译为:Shadow play is performed for diverse temple fairs, vllagers' weddings and funerals, festivals and customs to pray for good luck.

以上这两个非遗文化翻译的例子出现了冗杂和残余,这两种现象一定程度上削弱了非物质文化遗产的价值,减小了它的效用,未能使得外语资源得到有效配置,从而未能完全准确的符合外语经济学中费用最低化的原理。

综合上述材料,在进行对四川非遗文化的翻译时,我们需要时刻牢记外语经济学的原理:效用、效益和费用。首先要保证其准确性,直译时不能生搬硬套,确保外国友人能够读懂译者想要表达的内涵,达到效用的原理。其次不能太过冗杂、啰嗦,为了让读者明白其含义而拖泥带水,长篇累牍,导致语义重叠。因此需要简短精确地翻译,从而合理配置资源达到减少费用的原理。

四川省十分重视传统文化的传承与传播,努力为中华文化"走出去"寻找合适的路径,但我们深感传播的效果并不尽如人意。由于翻译人才的不足,代表地方文化的书籍大多没有译本,限制了文化的对外传播。翻译非遗文化的难点在于:非遗文化类翻译既不像科技翻译那样专业性强且词法、句法相对固定;也远没有文学翻译对翻译美学要求高。非遗文化类翻译根植于中国传统文化,又有史料的严谨与不可更改性。译者必须深谙中西两种文化的精髓,克服文化障碍,实现文化融通。这对译者的语言功底、文化素养、翻译技巧要求颇高。国内译界有关非遗文化类翻译的讨论并不多,也不深入,本书意欲引发相关的学术思考,推动译界在该领域的进步。

随着世界全球化的不断发展,文化产业的输出是提升一个国家经济发展,展现一个国家文化素养的必经途径。非物质文化遗产作为我国一个重要的文化产业的组成部分,其外宣对中国来说十分重要。而四川非遗文化的外译不仅能促进四川省文化产业的发展,同时对于整个国家的经济发展,国际影响力的提升都有着重要的作用。在进行四川非遗文化外译时,我们要以外语经济学为中心,牢记外语经济学的原则,在翻译的过程中不仅要考虑如何消除外国友人因为语言差异导致的误解,还要让他们了解中国非遗文化的内涵和精神所在,让他们产生文化好奇从而引起文化共鸣。因此,译者在翻译的时候,不仅要保证准确性,还要保证其艺术性,这样才能使得外国友人更加深刻地体会到中国文化的博大精深,才能真正地增强语言的效用,实现外语经济效益最大化。

第四节 外译策略研究

在新经济形势下,中国政府更加重视与世界各国的文化交流,"一带一路"的提出展现出中国文化走出去的决心。在2013年习近平总书记出访东南亚国家期间,先后提出共建"21世纪海上丝绸之路"和"丝绸之路经济带"的重大倡议,获得了国际社会的广泛关注。在我国国家高层的引领下,"一带一路"的构想不断丰富和完善,倡议得到不少沿线国家的响应。作为一项立足中国、辐射欧亚、影响世界的国际性发展战略,"一带一路"承担着探寻经济发展之道、实现全球化平衡、开创国家新型合作的三重使命,旨在新的历史机遇下寻求世界范围内的和平合作。

20世纪50年代末60年代初,雅各布逊提出了翻译的三种类型,即语内翻译、语际翻译和符际翻译。非遗文化的外宣翻译过程至少应该涉及语内和语际两个翻译层面。1990年苏珊·巴斯奈特(Susan Bassnett)和安德烈·勒菲弗尔(Andre Lefevere)合编的《翻译、历史与文化》一书出版,打破了传统观念,提出了西方翻译研究"文化转向"的发展方向。

四川非遗文化是我国地方特色文化之一,也是当地文化积淀和历史传承的结果,隶属于世界非遗文化。随着中国对外交流的日益频繁,国外游客数量也逐年增加。四川非遗文化翻译作为应用翻译的一个分支,运用越来越广泛,已在文化翻译实践中占有不可或缺的一席之地,其翻译研究也越来越受到译界的关注和重视。生活在巴蜀大地的四川人民开创了浓郁的、有地方特色的非遗文化,比如,四川幽默打趣的方言、独特的茶馆文化、腔调优美的川剧文化、令人眼花缭乱的曲艺杂耍;九大碗、罐罐肉、滤米饭、转转酒、兰花烟,在"一带一路"的进程中被世界所了解和接受。

非遗文化的外宣是"中华文化走出去"进程中不可或缺的内容,是语言交际中的跨文化焦点。地方非遗文化的外宣既是对中华文化的外宣,也是提升我国综合国力的重要内容。在四川文化"走出去"进程中,外宣翻译的作用举足轻重。通过对地方文化外宣翻译的研究,实现四川非遗传统文化走向国际——这是一条快捷有效的途径。

在利用SWOT分析文化翻译优势和劣势的时候我们需要一个参照物,一般对于公司而言,参照物就是其竞争对手,然而对于四川非遗文化外译而言,是不存在竞争对手这样一个实际的对立物。所以在分析四川非遗外译的时候,我们可以借助现代译论观照来识别它的优势和劣势。而对文化外译中机会和威胁的分析,我们可以将注意力放在四川非遗文化外部环境的变化对翻译所造成的可能影响上。

SWOT分析是哈佛大学安德鲁斯在20世纪60年代提出来的企业战略分析工具。SWOT分析是对内、外部环境的分析,主要分析与研究对象密切相关的各种主要内部优势、弱点、机遇和威胁。S代表Strength优势,W代表Weakness弱势,O代表Opportunity机遇,T代表Treat威胁。其中,S和W是内部因素,O 和 T 是外部因素。SWOT 分析法是一种企业战略分析方法,也是竞争分析常用的方法之一。SWOT 分析是基于内外部竞争环境和竞争条件下的态势分析,就是将与研究对象密切相关的各种主要内部优势、劣势和外部的机会和威胁等,通过调查列举出来,并依照矩阵形式排列,然后用系统分析的思想,把各种因素相互匹配起来加以分析,从中得出一系列相应的结论,而结论通常带有一定的决策性。

SWOT 分析方法从某种意义上来说隶属于企业内部分析方法,即根据企业自身的既定内在条件进行分析。SWOT 分析有其形成的基础。按照企业竞争战略的完整概念,战略应是一个企业"能够做的"(即组织的强项和弱项)和"可能做的"(即环境的机遇和威胁)之间的有机组合。与其他的分析方法相比较,SWOT 分析从一开始就具有显著的结构化和系统性的特征。就结构化而言,首先在形式上,SWOT 分析法表现为构造 SWOT 结构矩阵,并对矩阵的不同区域赋予了不同分析意义;其次在内容上,SWOT 分析法的主要理论基础也强调从结构分析入手对企业的外部环境和内部资源进行分析。另外,早在SWOT 诞生之前的 20 世纪 60 年代,就已经有人提出过 SWOT 分析中涉及的内部优势、弱点,外部机遇、威胁这些变化因素,但只是孤立地对它们加以分析。SWOT 方法的重要贡献就在于用系统的思想将这些似乎独立的因素相互匹配起来进行综合分析,使得企业战略计划的制定更加科学全面。

运用 SWOT 分析法对于理解和分析"一带一路"四川非遗文化翻译工作所面临的机遇和挑战具有极其重要的作用。SWOT 分析法通过调查列举出内部优势、劣势和外部的机会与威胁,并依照矩形形式排列,然后使用系统分析的思想,把各种因素整合在一起加以分析。运用这种分析方法可以对四川非遗文化进行准确、全面、系统的研究,并根据研究结果制定四川非遗文化传播和发展的战略、计划和对策。与此同时,防范可能存在的威胁和风险,使四川非遗文化工作在"一带一路"的战略下得到又快又好的发展。

四川非遗文化外译在自身的发展过程中存在优势、劣势、机遇和挑战。SWOT 分析法可以综合主观和客观因素、内部和外部因素,系统分析四川非遗文化面临的优势、劣势、机遇、挑战。

一、优势（strength）

四川省政府大力支持，针对"一带一路"建设的需求，加强对外文化贸易合作。四川建立对外文化贸易基地以及对外文化贸易行业协会等服务平台，带动四川文化企业开拓国际市场，提升川剧、川酒、川菜、川茶等川味文化产品的国际影响力。定期参加非遗文化国际论坛，培育一批国家级对外贸易重点企业。2017年春节，四川省有川剧、民族歌舞、彩灯会、民乐等数十个文化对外交流项目亮相海外，重点辐射"一带一路"周边国家。四川省与驻外领事馆合作举办新春非遗实景音乐会、参加美国洛杉矶华人工商展"欢乐中国——中国印象馆活动"。四川省政府、成都市政府在21世纪先后启动了一系列四川非遗文化的开发与国内国际传播举措，先后举办了黄龙溪国际摄影大赛、中国成都国际非物质文化遗产节、成都大庙会、都江堰祭水仪式等重大国际节会活动，还策划了成都城市形象的系列广告片等城市形象外宣举措，发布了具有广泛国际影响力的《成都宣言》《成都共识》等，这些都是四川文化国际传播的有效途径。

四川省翻译协会针对"一带一路"展开多项学术研讨会，并设立多项翻译奖项。乐山师范学院成立四川省翻译协会旅游文化翻译研究中心。借助四川旅游、文化优势和四川旅游节等重大对外活动的平台，打造"经济外事"和"人文外事"外事活动品牌，为四川非遗文化外译提供良好的外部条件。

二、劣势（weakness）

在"一带一路"的深入建设下，四川非遗文化外译也面临新的问题。四川为内陆省份，地理位置相对于沿海城市不具备优势。四川文化外译工作面临着小语种成熟翻译人才急缺的尴尬境地，大部分小语种人才流向北上广或沿海城市，翻译人才培养与实际需求脱节。此外，文化外译仅限于重大外事以及庆典活动，疏于平时加强其与当地企业、社会团体的密切联系与沟通，以至于部分翻译从业人员只注重语言精通，而忽略了对文化知识的补充学习。

四川非遗文化具有鲜明的地域性。"一带一路"所涉及的区域具有多语言、多地区和多文化的复杂性和陌生语料，当翻译机会和资源增多的时候，多壁垒的竞争机制促使文化企业将重心放在赢利上，对文化的影响力扩张重视度不够。

中国非遗文化译论的劣势之一是应用理论发达,纯理论欠缺。由于四川非遗文化翻译的立论者多是翻译家或文学家,他们的思想都源自翻译实践,因此多是诸如翻译方法和翻译标准此类的应用型理论。

三、机遇(opportunity)

"一带一路"是沿线所有国家地区扩大开放的现实红利。在经济全球化的背景下,"一带一路"建设不仅为四川经济发展带来了难得的机遇,也对其文化翻译工作带来了崭新的发展机遇。

随着"一带一路"倡议的推进,四川要发挥其在区域合作等方面的优势,加强与国内各省市、"一带一路"沿线各国在经济、政治、文化、艺术、宗教等方面的联系,势必要利用语言与不同区域、民族及文化背景不同的政府机构、社会团体和民间个人进行沟通交流和推广。四川特色文化艺术博览会都不乏外事接待和翻译的任务。对四川传统非遗文化有深入研究,有一定文化底蕴和造诣的双料翻译人才的培养,是非遗文化走出去的重要步骤。然而,对文化的研究不能只浮于书本文字表面,应深入实地,切实感受和理解。这也对高校翻译人才培养提出了新的要求。旅游学院、人文学院、外国语学院强强联手,联合办学的模式是"一带一路"新环境下新的突破口。

为文化翻译工作者提供了更多开阔眼界和"走出去"的平台和机遇。随着"一带一路"倡议的实施,将会有更多文化翻译者发挥其在文化外事活动中的桥梁作用,这也会使外语学习更接地气和本土化。此外,将有更多的知名学者、专家走进四川,提供宝贵的翻译实战经验分享。有更多来自中亚、西亚的国家来四川进行文化合作交流、学术访问,与此同时,四川文化外译工作者也会获得更多出国回访与翻译的机会。

互联网为非遗文化外译提供更多的可能性。网络传播的快捷性和高效性让四川非遗外译有了更多的有效传播平台。利用互联网英文网站宣传四川非遗文化,配以视频、音频宣传,加上互动效果,能极大提升四川非遗文化的知名度和传播范围。

四、威胁(weakness)

第一,四川非遗文化形成了自成一体的文化特征,如多元性与复合性、阶层性与地方性、神秘性与实用性、稳定性与变异性。这些非遗形式直观记录了四川人民的生活状态和集体智慧，形成了鲜明的地域特色。但是，由于语言文化的差异，对四川非遗的很多翻译并不准确，甚至不恰当也没有指导性的理论，阻碍了外国友人的了解和四川非遗文化的世界性传播。如彭州的"棒棒节"，如按照字面翻译成"Bang Bang Festival"，很难让人理解。(棒棒节指春节结束后，人们走上街头，把多余的产品卖出去。过去交易最多的是锄头把、擀面杖、镰刀把、竹筐、犁、耙等以棒棒为主的农事工具，而现在苗木花果、鲜花园艺早已取代农具，成为主要交易商品。)

第二，对于文化翻译的研究，从微观个例研究较多，缺乏宏观的规划和指导。

第三，没有哪个民族或国家的学术活动不是受制于本民族或国家的学术传统，中国翻译研究也不例外，可以说中国传统译论的种种威胁正是中国传统学术的缺陷造成的。我们即使已经识其庐山真面目也很难规避。对于四川非遗文化的外译研究也深受其传统译论的影响，从另一个角度讲，也跳不出语言的固定圈子。

在SWOT分析法的指导下，针对四川非遗文化外译中的优势、劣势、机遇和威胁，我们可以采取相应的继承型策略(SO策略)、综合创新型策略(ST策略)、扭转型策略(WO策略)以及防御型策略(WT策略)。

(一)继承型策略(SO策略)

四川非遗文化翻译深深扎根于中国的传统美学、哲学、文学，体现了深厚的人文精神，这正是它的价值所在。翻译作为一门人文学科，其本质应该是人文性，因此，传统翻译理论中的人文精神是我们要去继承的资源。所以，对于四川传统非遗文化的翻译，我们首先应该采取继承型策略。

(二)综合创新型策略(ST策略)

自近现代以来，创造了中国博大精深文化和思想智慧的学术规范和传统，在西方文化的冲击之下成为制约中国外译学发展的"瓶颈"问题，自然它也成为了四川非遗文化翻译发展中理论建设的主要威胁，要想清除这一障碍，我们还是要从根本入手，要"吸收西方理性主义传统和中国古代直觉主义传统，整合西方知识建构型学术和中国达道载道型学术，综合创新"，同时因地制宜融入四川本地语言特色。这样才能构建针对四川非遗文化的创新型的翻译理论框架。

(三)扭转型策略(WO策略)

中国非遗文化译论的劣势之一是应用理论发达,纯理论欠缺。四川非遗翻译也缺乏综合、全面的理论支撑,研究呈现个例化、个体化研究倾向。翻译理论应该包含两个层面的研究,一是应用理论,它来自于翻译实践又反过来指导翻译实践;二是纯理论建设,它虽然不直接来源于翻译实践并直接作用于翻译实践,却对翻译实践有宏观整体的解释和认知功能。所以,从四川非遗文化翻译的长远发展来看,翻译学中理论的建设应该包括应用理论也包括纯理论,而后者就是四川文化翻译要加强发展和建设的重点。

(四)防御型策略(WT策略)

在"一带一路"的进程中,为了防止在四川非遗文化外译的过程中,因译者过度迎合目标群体而出现翻译过度"外化"的现象,在面对西方翻译理论的冲击时我们应该采取防御型策略,否则,一味地引进和介绍西方翻译理论,而不根据地方的实际情况做出取舍,会使我们在非遗文化外译中出现"失语现象"。

五、川剧的外译策略

跳出川剧本身,从文化的视角来看待川剧翻译,它就不再是单纯的语言内因素的翻译了,而是综合的文化翻译,这既包括了语言内的翻译,比如剧本翻译、台词翻译、字幕翻译、节目单翻译、戏曲评论翻译、海报翻译,又包括语言外的翻译,比如舞美、服装、化妆、道具、灯光、配乐、舞蹈、动作戏等戏剧文化要素所表达的意义的再现。因此,川剧翻译具有三大特点。第一,川剧翻译的宗旨是打造出既可读又可演的戏剧文本,川剧翻译的目的是创造出文学性、舞台性兼备的译本,川剧翻译不可能脱离戏剧艺术。第二,川剧翻译具有间接性,普通的文本翻译包括原文、译者和译文三个部分,而川剧翻译原文和译文之间还多了演员这个部分,译者的译文经由演员之口表达出来。第三,川剧翻译受戏剧舞台时空的限制。戏剧舞台表演具有一次性、瞬间性、即时性等特点,这些特点就决定了台词翻译和字幕翻译的语言需要简明扼要,切记冗长拖拉,不能有过多的注释。

文化视角的翻译观认为,川剧的对外传播,不能一味强调自我的表达需求而忽视国外文化的现状。因此,在保持川剧戏剧要素与特色的前提下,川剧的对外传播要充分思考如何顺应海外受众对于戏剧人性美、情感美、意境美的普遍追求,用川剧的表达方式讲好"人文主义"。要通过选择具有"人文主义"精神主题的剧目来促进海外受众对于川剧文化产品的认知与接纳,达到川剧与异域文化的融合。比如,重庆市川剧院演出的川剧《西厢记》就选择了具有跨民族、跨国界的戏剧故事,展现出人物追求美好人性、自由与善良的"人文主义"精神,容易在海外观众中引起文化共鸣。又比如,汤显祖被誉为"东方的莎士比亚",其作品《牡丹亭》在海外享有盛誉,因为它是一部尊重人性的"人文主义"戏剧。在海外市场,选择翻译并推出川剧版的《牡丹亭》这种做法,就是通过寻找东西方文化的相通之处,推出具有民族特色的异域文化。

中西结合的文艺表演形式。从文化视角的翻译观看来,翻译不只是语言内的翻译,还包括语言以外的其他文化要素的翻译,并且在不同的历史时期,不同地域文化环境,翻译应具有不同的原则和标准。对于川剧而言,舞美、服装、灯光、布景、音乐等都属于语言外的文化要素。这些文化要素的对外翻译,应该采用中西结合的"翻译改写"的办法,让川剧在西洋文艺手段的辅助下,在国际上慢慢走向观众,走入观众。比如,2013年著名川剧艺术家沈铁梅在加拿大多伦多推出歌剧版川剧《凤仪亭》,给海外观众带来了全新的感官冲击,整场演出将传统的川剧与现代舞美、西方交响乐融合起来,可谓是中西文化的有机融合。这种大胆的顺应本地文化的翻译策略的革新尝试,对于川剧植入西方文化,是非常有效的尝试。

综合运用归化翻译与异化翻译。对于语言内的翻译,川剧对外传播的翻译对象涵盖了节目单翻译、网络推文翻译、剧本翻译、台词翻译、字幕翻译、节目单翻译、戏曲评论翻译、海报翻译等多种川剧文化产品的翻译。归化翻译是指在翻译过程中用目的语的文化和语言来再现源语意义,让源语文本去迎合目的语读者的需求;异化翻译是指在翻译过程中尽量保持源语文化和语言的特色,让目的语读者尽量去靠近源语文本。然而,单一的归化翻译策略会削弱川剧翻译中的方言特色,不利于保护川剧的文化特色;单一的异化翻译策略又给海外观众理解川剧增加了难度,不利于川剧的海外推广。在川剧翻译的过程中,译者需要将归化翻译策略与异化翻译策略灵活结合起来。

川剧方言的翻译。川剧是以四川方言为主要表达语言的,四川方言的翻译者需要精通四川话、普通话和英文。对于方言的翻译,一般的翻译策略是首先将其语内翻译成标准普通话,然后再把这个普通话翻译为通用英语。这样的翻译处理属于归化翻译策略。一味地采用归化翻译策略,抹杀了川剧的独特文化特色;但一味通过直译比较难懂的文化要素的异化翻译策略,又有可能增加海外观众理解川剧的难度。"在川剧翻译的过程中,综合有效地平衡运用归化翻译与异化翻译,既有利于海外观众的理解,同时也保留川剧语言文化的特色"。比如,川话中的"婆娘"是四川俗话,指的是某人的"妻子"或者泛指"妇女",但它的语体色彩是口语化、粗俗化的,英文中无法找到完美的对等语,综合归化和异化策略,可以考虑翻译为"my wife"或"gossips"。

幽默的翻译。川式幽默是川剧的重要特征。然而不是所有人都能懂。四川话的幽默,懂四川话的人一听就懂,不懂四川话的人却百思不得其解,不知道笑点在何处。对于这种文化色彩很浓厚的语言翻译,我们可以采取归化翻译策略,在目的语中尽量找具有相同文化功能的词汇替代,这也是文化视角的戏剧翻译观的体现之处。比如"他是一个神戳戳的人啦",这句话带有戏谑色彩,有幽默感,归化翻译为"He is a silly boy"。川剧翻译时,有许多文字和表达无法找到英语中的对等说法,这时候,需要采用异化为主、归化为辅的翻译策略,即采用直译加注的方法。比如"打麻将"虽算不上幽默用语,但喜欢打麻将的四川人一听到它就喜笑颜开,可以考虑翻译成"play Mahjong, a kind of table entertainment"。而有时候,对于一些不太难懂的文化缺省词汇,可以适当考虑异化的翻译策略,将之直译出来,这样做的目的就是把川剧中的文化特色输送出去,观众在川剧表演这一综合艺术的呈现过程中,结合各种文化要素,是可以理解一些异域文化的。比如,"瓜娃子"可以直接用拼音"Gua Wa Zi"来翻译。总之,在川剧翻译中,应该具体问题具体分析,将归化翻译策略和异化翻译策略结合起来,两者相互补充。

有针对性的翻译原则。川剧翻译包括节目单翻译、网络推文翻译、剧本翻译、台词翻译、字幕翻译、节目单翻译、戏曲评论翻译、海报翻译等。对于不同的文本,翻译策略应该是不同的。戏剧表演的即时性决定了戏剧舞台的语言必须言简意赅,不能拖拉,因此,台词翻译和字幕翻译一定要以简要为原则。而剧本翻译属于阅读文本翻译,可以适当详细点,在比较难懂的文化问题方面,可以采用直译加注的方式,适当解释,传达本土文化。节目单翻译因为其介绍性,需要尽量简明扼要地传达丰富的内涵,同时注意语言的美学特征。海报翻译涉及广告宣传和商业营销,因而,应该既体现言简意赅原则,同时还应具有商业说服能力。而戏曲评论翻译和网络推文翻译,是辅助海外观众从更深的层面理解川剧艺术的手段,所以,可以尽量详细、深入地翻译,不用刻意追求译文的简要化。总之,川剧译者需要在两种文化相互交织的空间内,综合考虑各种文化要素,综合运用归化翻译策略和异化翻译策略,在保持川剧独特文化特色的基础上,顺应海外文化需求,将川剧顺利植根于海外文化土壤。

六、川菜的外译策略

近十年来,川菜与川菜文化翻译传播与川菜的国际化进程很不相称,可以用"裹足不前"来概括,问题大都集中在川菜菜名翻译标准的争论上,忽视了川菜文化这一总体品牌的译介工作。

谢先泽、潘演强、杜莉(2006)提出中菜菜名翻译的三大原则:首要原则是语言应简单明了;其次是提供菜肴的主要原料、制作工艺或主要特色等客人选菜时所需要的基本信息;第三是表达方式通常用名词词组,主要原料是中心词、关键词,制作工艺或方法用过去分词表示,主要特色用形容词表示,配料或佐料用带 with 或 in 的介词短语表示。另外,对于源自历史典故和富有文化意义的菜名的翻译,可酌情加注或附页解释的方法。

吉丽芳(2009)还提出了川菜菜名翻译的写实性译法与写意性译法,前者主要适用于突出菜肴烹饪手段、主辅料特色、味道特色以及地域特色的菜名翻译,而后者则适用于源自历史典故和富有文化意义的菜名翻译。

张冬梅、林红(2009)从品牌的独创性与国际化角度提出对川菜中的特色菜名采用拼音化的策略,例如"麻婆豆腐""担担面""宫保鸡丁"可以分别译成 Mapo Tofu、Dandan Noodles,与 Kungpao Chicken。如果菜肴的主料是独特的中国传统食品,那么主料的汉语拼音化也赋予了独特性,比如饺子 Jiaozi、包子 Baozi、馒头 Mantou、豆腐 Tofu。同时,翻译中须注意品牌的审美意识:一要讲究菜名的长度,二要体现饮食观念的差异,三要保留异国情调。两人的观点是对前期相关研究的突破。

杨惋邱、陈达(2010)探讨了以严复的"信""达""雅"标准为指导的川菜菜名翻译原则,提出了根据不同菜名的特点与内涵分别采用直译法、直译加释义法、音译法、音译加释义法、意译法等的方法。

成都市质监局起草制定的《四川名菜小吃英、日、韩译法》地方标准提出了川菜菜名翻译的总体原则:四川名菜及名小吃英、日、韩译法应符合国际化原则,遵循各语种语言习惯,同时应兼顾菜名中的文化底蕴。四川名菜及名小吃英译法的基本模式一般为:"做法(动词过去分词)+主料+配料+with/in+汤汁"。

2010年3月10日,受四川省政府委托,川菜发展研究中心组织编撰的"经典四川菜点菜名翻译"项目的最终成果——大型图书《中国川菜》(中英文标准对照版)由四川科学技术出版社正式出版。该书较好地体现了川菜菜名翻译的传承性,将川菜中的麻辣、串串(串串香)、担担(担担面)、钵钵(钵钵鸡)等广为人知的特色元素直接音译成了"mala""chuanchuan""dandan""bobo"。于是,夫妻肺片被直译为"Fuqi Feipian",为让老外看懂,还加上了注解(Sliced beef & offal in chili sauce),意为"辣椒油拌牛内脏"。该书的出版旨在对经典川菜的制作方法和翻译方法进行规范,既是川菜菜名翻译研究与实践的标志性成果,也是在相关领域内第一次由业内专家、翻译家、传媒机构与书商共同努力合作的结晶。据悉,省旅游局、省外事办、省对外友好协会等部门正筹划将这一标准进行推广。省美食家协会、省烹饪协会也已开始动员数百家餐饮企业和非餐饮企业参照标准逐步进行统一。此外,这一标准译法还被送到上海世博会,面向全国和世界推广。

除了上述有关川菜菜名的翻译外,其他有关川菜文化的对外译介工作既未得到应有的重视,也未产生什么突出的成果。仅以川菜研究发展中心2007年至2011年社会科学立项情况为例,5年间共批准立项63个,其中涉及川菜文化对外译介研究的仅有3项。另外,除了散见于一些旅游网站的相关文章与个别媒介栏目受众有限的节目之外,尚未发现系统地译介川菜与川菜文化的项目、外语刊物或电视栏目,川菜更多地是作为旅游的附加产品来介绍的。

以政府牵头,全面译介川菜与川菜文化,形成规范系统的川菜与川菜文对外宣传资料,从而避免过去那种企业各自为政,对川菜文化断章取义、各取所需的混乱状况。所谓系统译介,是指除了译介川菜的特点、烹饪方法、味型、菜式之外,还应包括译介川菜的历史、派系、文化、发展与创新以及与之相关的人文地理环境,包括道家养生文化、成都休闲文化、四川茶文化与酒文化、川菜食料培植基地、传统川菜烹饪技术传承、著名川菜企业和企业文化,等等。

在川菜的系统译介过程中,始终以川菜文化为灵魂,突出孕育该文化的人文地理环境(岷江水系不仅造就了川菜之魂——郫县豆瓣,也形成了川菜的根基——"天府之国"以及川菜文化的姐妹花——休闲文化)以及与之并存的酒文化、茶文化和休闲文化;突出川菜区域性特色形成的过程(抓住"一菜一格,百菜百味"这一川菜最大的特色,说明在史上三次移民潮中川菜如何海纳百川、兼收并蓄各家之长,终而赢得"食在中国,味在四川"的国际声誉);突出川菜与川菜文化的传承与创新(要让世界了解成都或四川人在弘扬川菜文化方面做了些什么、怎样做的、还打算做些什么。要让世人懂得民族的就是世界的,传播与弘扬川菜文化人人有责)。

川菜与川菜的国际化无疑是一个缓慢而循序渐进的过程,而要做成像麦当劳、肯德基那样在世界各大城市开上几家川菜馆,或许需要几代人的努力。因此,其翻译传播工作需要常规化,以避免过去那种"临时任务型""临时拼凑型"与"热炒热卖型"的翻译传播方式。首先,建议省、市设立川菜与川菜文化国际化战略推介委员会,专门负责相关的译介与传播工作,有目的、有计划、有步骤地组织与实施相关译介工作。其次,川菜与川菜文化翻译传播工作应贯穿于川菜标准化、产业化、连锁化与国际化的始终,利用译介传媒让国际社会随时了解川菜的上述"四化"过程,从而取得国际社会对川菜及川菜文化更大的认可度。再次,必须从现在起抓紧培养与储备川菜与川菜文化传播的海外人才团队。我们要充分利用本地高校资源组成川菜与川菜文化翻译团队,常年开展相关译介工作,编写相关配套教材,培训相关译员,尤其是举办川菜海外项目经理培训班,着实培养一批既懂川菜业务(或文化)又懂语言翻译的高素质复合型人才。

在信息爆炸的时代,翻译传播途径的涵盖面是否完全、高科技含量是否足够,往往直接决定了译介工作的成功与否。我们决不能仅仅满足应对各类美食节而进行的较为具象的翻译工作。川菜与川菜文化翻译传播途径必须是多元的、复合的与立体的。首先,川菜与川菜文化作为一个品牌就理所应当地有一个对外宣传的 Logo 与口号(例如标识+Sichuan Cuisine;标识+ Chengdu(Sichuan)—Your Dish? 或标识+ Chengdu, a World Modern Garden City of Gastronomy),并让这一口号进入国内外所有重大商贸与文化活动场所以及机场、码头与其他口岸,做到深入人心。其次,创办全面推介川菜文化的英文杂志(或由成都川菜杂志社兼办),通过全国各大航空站、涉外宾馆饭店销售或免费赠送;开通官方主流川菜文化英语宣传网站,精心打造,尽可能多地增加与网民互动或有奖竞猜的内容与栏目,力争办成全球知名网站;创办一个川菜英语电视频道,除了介绍相关文化与烹饪技术之外,更要通过与成都的友好城市以及国外主流媒体的相关生活频道与栏目交换节目来推广川菜文化;拍摄一部全面介绍川菜与川菜文化的外语纪录片,参与全球各大电影电视节的评选,同时做好相关影视作品(例如《芙蓉花开》与正在筹备中的《一品天下》)等的外语配音工作。甚至"在影视、动漫、出版、新闻、戏曲、服饰等文化空间,推出一批与历史、文化相结合的书刊、音像产品,大力宣传成都美食"(杨柳 2011)。另外,政府应当努力将川菜与川菜文化学习纳入国家海外孔子学院的教学计划,甚至开办川菜烹制与文化教学班。最后可以考虑一改川菜作为旅游促销副产品的形象,直接以川菜与川菜文化研讨班(10~30 天/每期,直接进入经过一定培训的百姓家庭以及烹饪培训机构等)的形式吸引全球的川菜爱好者到成都来"练兵"与旅游。期间依托翻译媒介,一对一或集中进行有关川菜烹饪方法与川菜文化的普及。

川菜与川菜文化翻译传播质量标准化主要涉及三个方面的问题,即翻译的文化视野是否得当;术语与典故的翻译是否统一;翻译的名与实是否契合。首先,它是民族的,也是世界的。川菜本身就决定了在当今饮食文化上的强势地位。因此,翻译时应基于强势文化的视野,对川菜与川菜文化中的特色元素,除了约定俗成的之外,一概采用音译或特色元素音译+普通元素直译的方法,例如麻辣、串串、豆花、火锅、锅魁、馒头、包子、饺子、汤圆等的音译,以及回锅肉(Huiguo Pork)、担担面(Dandan Noodle)、钵钵鸡(Bobo Chicken)、三大炮(Sandapao Rice Ball)、酱香牛肉(Jiangxiang Beef)等音译+直译的方法。第二,对川菜与川菜文化中出现的专用术语与典故等须实行统一译名,尤其是对川菜的复合味型、烹饪方法、刀工的英语表述必须统一,其中的特色元素仍以音译为主,例如麻辣(mala)、酱香(jiangxiang)、鱼香(yuxiang)、水煮(shuizhu)等;涉及人文历史典故的,可统一采用音译或直译加注的方法,例如"开门红"可译为 tender fish head with red pepper(kairnenhong, literally means a good start),"夫妻肺片"可译为 Fuqi Feipian(Sliced beef in spicy sauce),"东坡肘子"可译为 Dongpo Hog Hock(A famous Sichuan dish first made by Sichuan's Famous poet-Su Dongpo(1037~1101))。第三,对于一般或常规事项的翻译,要切实做到名与实的契合,应符合目的语读者的心理预期与习惯,翻译中应参照英语国家超市正式标注的食品与食材名称并统一运用于译介工作中。例如葱应译为 green onions,而不是 scallion;猪肚是 hog maw,而不是 pig stomach;火爆肥肠里的肥肠叫 chitterlings,而不是 intestines(这是人体解剖学的名称);子鸡是 game hen,而不是 small 或 spring chicken;豆豉是 black bean,而不是 fermented soybean(发酵的黄豆)。以上例子种类繁多,不胜枚举。若不统一,由中西文化差异带来的误解或曲解,势必贻笑大方。

七、非遗文化外译

非遗文化是我国历史文化、社会文化、艺术文化发展过程中的重要组成成分,我国非遗文化在"走出去"平台构建之下,针对非遗文化进行翻译,以促进我国非遗文化的对外传播与宣传。因此,在非遗文化外宣、翻译过程中,相关部门需要深入挖掘非遗文化内涵,通过异化翻译方式,结合多种翻译手法,有效保留我国非遗文化特色,促进我国非遗文化与世界文化相互融合,从而提升我国文化在世界文化上的国际地位。

依托政府、学者在全球一体化的发展中,为了推动非遗文化的快速发展,政府部门必须重视非遗文化宣传工作,根据我国各个区域、各个民族的非遗文化特色,因地制宜地发展非遗文化,在满足政策、法律法规合理性的基础上,发扬并传承各个非遗文化,政府部门需要在非遗文化中投入大量的资金,针对非遗文化建设走出去发展平台,完善对外宣传工作,建立非遗文化国际发展平台。除此之外,政府部门需要针对非遗文化传承和发展问题,完善文化开发和培养工作,注重翻译人才队伍建设工作,积极推广非遗文化,这样就能吸引更多翻译水平高的实践人员,推动非遗文化翻译实践活动的顺利开展。除此之外,为了实现我国非遗文化发展的对外性,高校需要设置各项非遗文化翻译课程,确保我国的大学生投入到非遗文化发展和建设工作中去,为非遗文化的对外发展和传扬提供保障。我国属于多民族国家,各个地区的非遗文化特色都存在很大的差异,在翻译非遗文化的过程中,翻译人员需要在非遗文化本源的基础上,体现出非遗文化的特色和精髓。因此,在翻译语言的过程中,翻译文员需要扎根于传统文化,有效地传承并发扬非遗文化,推动非遗文化的进一步发展,为非遗文化更具生命力和发展空间提供保障。加大文化外宣投入。在地区的发展过程中,政府部门需要加大文化外宣工作力度,为区域发展创造更多效益,树立良好的城市形象。非遗文化是城市发展过程中对外宣传的一大品牌,各个地区需要投入大量的文化经费,建设满足区域非遗文化发展的景点,为旅客提供良好的观赏环境。除此之外,说明文字应按照国际化标准执行,并配上双语、多语种解说,为对外宣传的便利性提供保障。并且,外语说明需要聘请专家进行审定,避免出现错误。在实际建设过程中,需要凸显当地的文化特色,统筹规划,减少重复建设和资源浪费问题的发生。在全球一体化的背景下,外宣翻译工作的顺利开展有利于世界各国更好地了解中国,这就需要政府部门加大文化外宣力度,积极培养优秀的翻译人才。为了做好外宣翻译工作,翻译人员不仅需要了解某特定区域的相关知识,还需要提高自身的翻译能力,有效地应对各项内容、风格对外宣传介绍资料。除此之外,翻译者应具备深厚的文化底蕴,深刻理解非遗文化,提高自身的外语能力,翻译出更多优秀的作品,实现外宣翻译的预期效果。